Scoprire i Giochi Gratuiti Online

Disponibile Qui:

**BestActivityBooks.com/FREEGAMES**

# 5 CONSIGLI PER INIZIARE

## 1) COME RISOLVERE LE PAROLE INTRECCIATTE

I puzzle hanno un formato classico:

- Le parole sono nascoste senza spazi o trattini,...
- Orientamento: Le parole possono essere scritte in avanti, indietro, verso l'alto, verso il basso o in diagonale (possono essere invertite).
- Le parole possono sovrapporsi o intersecarsi.

## 2) APPRENDIMENTO ATTIVO

Accanto ad ogni parola c'è uno spazio per scrivere la traduzione. Per incoraggiare l'apprendimento attivo, un **DIZIONARIO** alla fine di questa edizione vi permetterà di controllare e ampliare le vostre conoscenze. Cerca e scrivi le traduzioni, trovale nel puzzle e aggiungile al tuo vocabolario!

## 3) SEGNARE LE PAROLE

Puoi inventare il tuo sistema di segni. Forse ne usi già uno? Per esempio, puoi segnare le parole difficili da trovare con una croce, le parole preferite con una stella, le parole nuove con un triangolo, le parole rare con un diamante, e così via.

## 4) STRUTTURARE L'APPRENDIMENTO

Questa edizione offre un **TACCUINO** alla fine del libro. In vacanza, in viaggio o a casa, puoi organizzare facilmente le tue nuove conoscenze senza bisogno di un secondo quaderno!

## 5) AVETE FINITO TUTTE LE GRIGLIE?

Nelle ultime pagine di questo libro, nella sezione della **SFIDA FINALE**, troverete un gioco gratuito!

**Facile e veloce!** Dai un'occhiata alla nostra collezione di libri di attività per il tuo prossimo momento di divertimento e **apprendimento,** a portata di clic!

Trova la tua prossima sfida su:

BestActivityBooks.com/MioProssimoLibro

# Ai vostri posti, pronti...Via!

Sapevi che ci sono circa 7.000 lingue diverse nel mondo? Le parole sono preziose.

Amiamo le lingue e abbiamo lavorato duramente per creare libri di altissima qualità. I nostri ingredienti?

Una selezione di argomenti adatti all'apprendimento, tre buone porzioni di intrattenimento, una cucchiaiata di parole difficili e una spolverata di parole rare. Li serviamo con amore e entusiasmo in modo che tu possa risolvere i migliori giochi di parole e divertirti imparando!

-------

La vostra opinione è essenziale. Puoi partecipare attivamente al successo di questo libro lasciandoci un commento. Ci piacerebbe sapere cosa ti è piaciuto di più di questa edizione.

Ecco un link veloce alla pagina dell'ordine:

## BestBooksActivity.com/Recensione50

Grazie per il vostro aiuto e buon divertimento!

*Tutta la squadra*

# 1 - Scacchi

```
Y  Ş  O  P  Z  A  R  P  A  Ç  G  R  T  P  P
A  A  Y  R  A  L  K  U  L  R  O  Z  Z  T  Y
R  M  U  H  Y  S  I  Ö  Ğ  R  E  N  M  E  K
I  P  N  B  E  Ç  I  L  A  R  K  N  T  T  R
Ş  İ  I  Y  B  A  I  F  G  L  V  F  Z  Z  I
M  Y  C  R  İ  J  E  T  A  R  T  S  K  R  K
A  O  C  S  V  S  P  I  Ü  L  J  D  U  A  H
V  N  M  A  V  T  I  J  S  Z  L  A  R  K  V
U  A  O  U  C  N  U  Y  O  C  Ü  E  B  I  L
N  M  C  M  V  Z  C  D  A  H  B  K  A  P  P
R  A  N  O  K  H  P  Q  M  H  N  V  N  D  O
U  Z  N  T  I  F  B  C  S  M  L  H  M  F  I
T  G  P  D  E  Y  D  T  H  S  P  Y  I  Q  R
Z  J  T  U  L  P  D  A  U  O  S  P  A  V  L
K  B  E  F  L  F  Q  L  A  V  O  R  G  T  Z
```

| | |
|---|---|
| RAKIP | ÖĞRENMEK |
| BEYAZ | KRAL |
| ŞAMPİYON | KRALIÇE |
| YARIŞMA | TÜZÜK |
| ÇAPRAZ | KURBAN |
| OYUNCU | ZORLUKLAR |
| OYUN | STRATEJİ |
| SIYAH | ZAMAN |
| PASIF | TURNUVA |

# 2 - Salute e Benessere #2

```
E N F E K S I Y O N H S H P L
Z P L S U S U Z L U K A A P I
Q Q Y V T L R U V B I Ğ S K G
S İ N D İ R İ M P M L L T I P
Q L J V Y J F K N J R I A L H
U F T R Ü F A V K K I K N A K
D E Q U E C O Q G T Ğ L E T E
L I D I E L U F B E A İ B S N
K A L O R İ A T E Y N D I A E
A N Y A B S U E S İ E E E H R
K M O S A U S B L D Y T T L J
S T P B Y L F Y E P J L M İ I
V A N A T O M İ N E I V M K K
I Ş T A H S U T M L H H Z A F
V İ T A M İ N İ E M A S A J O
```

| | |
|---|---|
| ALERJİ | HIJYEN |
| ANATOMİ | ENFEKSIYON |
| IŞTAH | HASTALIK |
| KALORİ | MASAJ |
| VÜCUT | BESLENME |
| DIYET | HASTANE |
| SİNDİRİM | AĞIRLIK |
| SUSUZLUK | KAN |
| ENERJI | SAĞLIKLI |
| GENETİK | VİTAMİNİ |

# 3 - Aggettivi #2

```
G M I S O Y L P V B Z H D G O
Ü N T L U U A K I T N A T O L
Ç O G C T E C N G A L J R E U
L R K M K U R U Ü N L Ü F I A
Ü M C N A S E R E T N E F N F
S A F Y E V Q Y E Q N H R E A
S L N G S K İ T A M A R D Y Ç
P O Y A R A T I C I A Ç G T I
Q H R V N I E E N F M U T K
S K N U U F T H R G Y E R U L
E H C C M I Q C A Ü E I U Z A
A A S A F L A Ğ O D Z N R L Y
Q M T Z Y T U E E R Z S L U I
C J V D H A G Y H A A K U J C
P J S N F T S A Ğ L I K L I I
```

AÇ

KURU

OTANTIK

YARATICI

AÇIKLAYICI

TATLI

DRAMATİK

ZARIF

ÜNLÜ

GÜÇLÜ

ENTERESAN

DOĞAL

NORMAL

YENI

GURURLU

ÜRETKEN

SAF

SORUMLU

TUZLU

SAĞLIKLI

# 4 - Ingegneria

```
R  K  U  V  V  E  T  D  A  E  J  N  E  D  J
G  O  A  T  A  Y  G  U  B  G  P  I  N  A  Y
K  V  T  A  B  E  S  T  E  R  C  T  E  Ğ  A
Ç  A  P  A  D  İ  Y  A  G  R  A  M  R  I  P
S  S  Y  Z  S  M  A  Z  O  T  M  Y  J  T  I
S  I  V  I  C  Y  Q  L  M  J  O  O  I  I  K
F  T  Q  R  P  R  O  R  Ü  A  S  M  T  M  Q
T  T  Q  N  Z  Q  J  N  Ç  B  K  J  V  O  Q
D  E  R  I  N  L  I  K  L  O  K  İ  K  V  R
P  K  T  B  E  T  I  A  Ö  Y  H  S  N  A  F
J  E  K  D  S  T  V  O  O  U  G  U  F  E  A
D  R  T  P  K  S  G  A  Y  T  Z  A  S  J  B
J  A  B  A  E  R  A  M  A  L  P  A  S  E  H
Y  H  U  R  O  A  M  E  V  A  J  G  C  Z  P
Y  P  A  Ç  I  P  P  T  H  R  A  Y  H  U  A
```

| | |
|---|---|
| AÇI | KOL |
| EKSEN | SIVI |
| HESAPLAMA | MAKİNE |
| DİYAGRAM | ÖLÇÜM |
| ÇAP | MOTOR |
| MAZOT | HAREKET |
| BOYUTLAR | DERINLIK |
| DAĞITIM | ROTASYON |
| ENERJI | SEBAT |
| KUVVET | YAPI |

# 5 - Archeologia

```
U F O S İ L N K A N I P A T M
R N Z Q S A M A P B Ç O Y N E
V U U Y M R I L Ö D A A Z D D
M Z M T F N N I Q B Ğ R R T E
E M O I U R O N H J S G L O N
K A T C B L Z T G G D F E E I
E N U A A I M I Y D V U G R Y
M E I M K N L U D S N Z G N E
İ L O R K I L I Ş B Y K U D T
K M U I S S M P N M E Z A R I
L P F T Z R K B A M E Z I G Q
E D M Ş B Y G R V E E N S E N
R Q Q A P A R Ç A N A Y E V U
T H P R Ö S E F O R P Z E O L
M A F A A N A L I Z Y Z P N B
```

| | |
|---|---|
| ANALIZ | NESNE |
| MEDENIYET | KEMİKLER |
| UNUTULMUŞ | PROFESÖR |
| DÖL | KALINTI |
| ÇAĞ | ARAŞTIRMACI |
| UZMAN | BILINMEYEN |
| FOSİL | TAKIM |
| PARÇA | TAPINAK |
| GIZEM | MEZAR |

# 6 - Salute e Benessere #1

```
E  Ş  Y  M  N  E  C  Z  A  N  E  N  N  R  N
İ  U  G  J  İ  E  P  R  İ  L  A  Ç  F  P  T
E  R  O  T  K  O  D  E  A  P  F  P  I  Y  E
İ  U  E  F  T  U  L  F  F  L  A  G  I  I  D
P  D  K  T  E  B  R  L  H  S  S  D  S  V  A
A  Ç  L  I  K  Y  J  E  O  Y  Ü  A  S  M  V
R  R  C  T  I  A  F  K  R  Ü  R  V  K  G  I
E  E  A  J  L  R  B  S  M  K  İ  F  I  L  Q
T  L  D  H  N  N  A  Z  O  S  V  F  R  I  M
L  R  U  D  A  E  B  F  N  E  C  S  I  Y  B
I  İ  F  H  K  T  L  T  Z  K  Y  L  K  A  Z
C  N  M  A  Ş  D  L  B  Z  L  O  K  V  I  D
T  İ  R  L  I  H  H  A  G  I  I  N  V  U  J
Y  S  N  Z  L  S  T  O  M  K  İ  N  İ  L  K
S  S  T  M  A  Q  Q  A  B  A  I  U  T  O  B
```

| | |
|---|---|
| ALIŞKANLIK | KASLAR |
| YÜKSEKLIK | SİNİRLER |
| ETKIN | HORMON |
| BAKTERİ | CILT |
| KLİNİK | DURUŞ |
| AÇLIK | REFLEKS |
| ECZANE | RAHATLAMA |
| KIRIK | TERAPİ |
| İLAÇ | TEDAVI |
| DOKTOR | VİRÜS |

# 7 - Aggettivi #1

```
Z  M  B  K  B  Q  F  D  Y  I  L  B  M  E  U
E  T  K  I  N  B  K  A  L  T  U  M  A  G  U
D  V  O  Z  F  J  O  C  Z  E  G  Q  R  Z  P
Q  V  N  U  R  I  C  Y  D  F  B  I  O  O  D
H  I  R  S  L  I  A  C  A  H  O  N  M  T  Ü
P  R  L  R  O  S  M  B  Ö  V  I  C  A  I  R
Ö  U  Z  U  N  A  A  P  Ü  M  A  E  T  K  Ü
N  P  R  S  R  N  N  C  A  Y  E  Ş  İ  Q  S
E  G  A  U  E  A  Z  U  M  P  Ü  R  K  R  T
M  E  P  K  D  T  K  S  R  V  I  K  T  H  Z
L  N  R  G  O  S  M  G  D  E  Ğ  E  R  L  I
I  Ç  K  N  M  A  T  Z  K  M  H  E  I  V  Y
D  B  C  V  J  L  P  J  Y  C  V  Y  Ğ  T  B
D  S  M  T  F  H  F  M  R  K  D  U  A  I  G
E  C  N  L  T  M  J  D  F  Ö  Z  D  E  Ş  I
```

HIRSLI
AROMATİK
SANATSAL
MUTLAK
ETKIN
KOCAMAN
EGZOTIK
CÖMERT
GENÇ
BÜYÜK

ÖZDEŞ
ÖNEMLI
YAVAŞ
UZUN
MODERN
DÜRÜST
KUSURSUZ
AĞIR
DEĞERLI
INCE

# 8 - Geologia

```
S  A  R  K  I  T  İ  S  A  Y  F  V  Y  B  C
E  T  E  Z  B  I  D  Z  I  O  P  O  G  K  E
A  I  L  P  U  R  T  K  M  P  Y  L  Y  R  I
E  K  L  İ  S  O  F  A  K  H  E  K  E  I  D
B  N  A  M  T  A  K  R  Ş  C  A  A  V  U  D
M  E  R  P  E  D  G  A  Q  T  V  N  Q  G  T
I  D  E  G  L  Ö  B  Ğ  C  K  B  O  K  N  Q
M  B  N  K  A  L  Y  A  Y  U  M  Y  L  F  M
S  B  İ  F  U  Y  R  M  N  V  K  Z  H  Y  Y
E  Z  M  B  E  L  Z  T  A  A  V  O  T  Y  N
Y  Q  U  P  V  V  C  E  C  R  I  R  P  A  H
F  U  G  P  D  R  Y  L  R  S  B  E  Z  S  P
K  R  İ  S  T  A  L  L  E  R  L  M  I  H  D
K  A  L  S  İ  Y  U  M  M  P  L  A  T  U  Z
V  N  J  G  A  D  M  U  P  O  B  O  V  N  L
```

| | |
|---|---|
| ASİT | LAV |
| YAYLA | MİNERALLER |
| KALSİYUM | TAŞ |
| MAĞARA | KUVARS |
| KITA | TUZ |
| MERCAN | SARKIT |
| KRİSTALLER | KATMAN |
| EROZYON | DEPREM |
| FOSİL | VOLKAN |
| GAYZER | BÖLGE |

# 9 - Campeggio

```
Y  H  O  C  O  K  N  T  H  G  H  C  A  R  H
Q  T  E  V  I  K  J  Q  O  Y  A  Ş  Ğ  A  A
R  M  B  B  P  U  S  U  L  A  R  A  A  A  Y
I  V  Z  S  J  N  J  N  Ö  F  İ  P  Ç  F  V
A  P  D  L  J  R  Z  M  G  N  T  K  L  Y  A
B  Ö  C  E  K  A  N  N  D  A  A  A  A  T  N
Ç  I  D  T  R  N  Y  Y  R  T  R  E  R  K  L
A  A  P  M  R  J  Y  N  D  E  Y  E  S  V  A
D  T  E  I  A  I  C  C  Q  Ş  J  D  C  N  R
I  T  C  A  V  C  I  L  I  K  B  O  N  A  K
R  I  N  İ  B  A  K  C  H  N  S  B  Q  M  M
D  D  E  L  I  Y  R  G  T  O  F  L  A  R  I
J  O  L  V  V  J  L  J  K  C  U  D  S  O  L
O  Q  Ğ  A  D  N  O  N  O  D  J  Z  B  C  G
B  F  E  A  E  V  H  A  M  A  K  D  V  Q  D
```

| | |
|---|---|
| AĞAÇLAR | EĞLENCE |
| HAMAK | ORMAN |
| HAYVANLAR | ATEŞ |
| MACERA | BÖCEK |
| PUSULA | GÖL |
| KABİN | AY |
| AVCILIK | HARİTA |
| KANO | DAĞ |
| ŞAPKA | DOĞA |
| IP | ÇADIR |

# 10 - Tempo

```
A  N  L  Ş  L  I  Y  N  O  I  C  Z  E  H  E
K  I  L  L  I  Y  G  E  L  E  C  E  K  F  A
İ  R  H  H  Y  M  T  B  A  R  N  R  Z  F  Y
K  H  A  J  Z  V  D  B  U  G  Ü  N  A  M  L
A  F  Y  F  Ü  M  Q  I  S  A  B  A  H  S  G
D  Y  D  N  Y  Q  G  T  P  R  L  T  E  R  D
P  K  U  Y  L  F  L  Ü  E  N  I  F  R  F  I
C  U  I  Z  Ö  Ğ  L  E  N  O  Q  A  P  S  Q
T  F  N  R  Z  F  I  C  K  S  I  H  R  S  V
A  A  R  I  G  E  Y  E  C  N  Ö  U  T  Y  G
A  Q  K  A  S  A  R  G  Q  K  H  H  H  S  M
S  P  M  V  Z  R  H  Z  O  Z  D  N  E  K  Z
N  A  M  U  I  I  A  L  D  K  P  Y  O  F  A
N  C  K  Y  Z  M  D  Ü  N  K  T  G  V  C  L
N  Z  N  L  R  B  F  Y  E  J  J  Z  A  V  H
```

| | |
|---|---|
| YIL | ÖĞLE |
| YILLIK | DAKİKA |
| TAKVIM | AN |
| ON YIL | GECE |
| SONRA | BUGÜN |
| GELECEK | SAAT |
| GÜN | ŞIMDI |
| DÜN | ÖNCE |
| SABAH | YÜZYIL |
| AY | HAFTA |

# 11 - Astronomia

```
R V Y A S T R O N O M G I G V
A T A K I M Y I L D I Z J F T
D L E S K Ö G Y F E F G P Y R
Y G G C Ü M E T E O R H O H K
A Ö S S U P T K Y A R G K K P
S K Q I G H E N A H T A S A R
Y Y A Y S F K R B V H C E R K
O Ü D A J F O J N U U U L P B
N Z A I S S R Y K O L D E O B
E Ü K F T T E C J M V U T T B
G I Ö V D G R Z S M Y A T K B
E L G M E Q O O E V R E N S F
Z E K İ N O K S N P N U Q L U
E U O K F K A Y D O Z H R F C
G Y E R Ç E K İ M İ T B B Z G
```

| | |
|---|---|
| ASTRONOT | BULUTSU |
| ASTRONOM | RASATHANE |
| GÖKSEL | GEZEGEN |
| GÖKYÜZÜ | RADYASYON |
| TAKIMYILDIZ | ROKET |
| EKİNOKS | SÜPERNOVA |
| GÖKADA | TELESKOP |
| YERÇEKİMİ | TOPRAK |
| AY | EVREN |
| METEOR | ZODYAK |

# 12 - Algebra

```
G R A F İ K D L P M I B Ç D Y
M M R M P O E Y A M Ç A Ö O E
N A Ö İ L L Ğ A R K I S Z Ğ K
K T T K J A I N A V K İ Ü R Y
F V K R K P Ş L N V A T M U G
C V A D İ M K I T Y R L Ü S L
G H F R N S E Ş E S M E L A Z
M F F İ J T N L Z N A Ş Ö L F
E O Q S Y V U U K Z H T B G E
L R Y E O J R F E N E İ J V C
L M A K J N O Y A I E R S I H
P Ü F V T A S Z Q Q T D J Q E
G L S I F I R U N I V Q B C Ü
D İ Y A G R A M Z O E U P U S
E O N G G Q U C T N U M A R A
```

| | |
|---|---|
| DİYAGRAM | DOĞRUSAL |
| BÖLÜM | MATRİS |
| DENKLEM | NUMARA |
| ÜS | PARANTEZ |
| YANLIŞ | SORUN |
| FAKTÖR | BASİTLEŞTİR |
| FORMÜL | ÇÖZÜM |
| KESIR | ÇIKARMA |
| GRAFİK | DEĞIŞKEN |
| SONSUZ | SIFIR |

# 13 - Mitologia

```
D T H U B B T D T F L R Z Q R
Ö Z B V J Ü A A F E L A K E T
K L E J M Y G V N N U V I J L
E U Ü N M Ü P R O A F A T T V
K E V M T L Y A H S Ç N A N I
N I V V S Ü V N D F C A R E K
R V S B E Ü O I A E P C A R A
V S B K O T Z Ş L E F Q Y İ H
K N C M A S O L G D Z K Z B R
E H P R D N G R Ü T L Ü K A A
K R L D Y T Ç Y N K G L Y L M
S A V A Ş Ç I L Z H Q M Y J A
Y I L D I R I M I S V Ü M Y N
O G N U M U N E C K G L Z Z P
Y A R A T I L I Ş D F Ö F D G
```

| | |
|---|---|
| NUMUNE | YILDIRIM |
| DAVRANIŞ | KISKANÇLIK |
| YARATIK | SAVAŞÇI |
| YARATILIŞ | ÖLÜMSÜZLÜK |
| INANÇ | LABİRENT |
| KÜLTÜR | EFSANE |
| FELAKET | BÜYÜLÜ |
| KAHRAMAN | ÖLÜMLÜ |
| KUVVET | CANAVAR |

# 14 - Piante

```
F  İ  T  E  U  Q  U  F  Y  B  S  H  G  V  R
E  S  G  T  G  Z  T  L  E  A  Ç  B  O  O  D
Ç  I  Ç  E  K  Ö  K  O  Ş  M  K  A  A  T  Y
M  O  A  Ç  R  Y  E  R  İ  B  A  T  L  T  A
B  Q  Ğ  H  A  B  M  A  L  U  K  J  B  I  P
O  D  A  A  V  R  Ü  T  L  E  T  A  İ  K  R
T  F  L  B  J  E  Y  G  İ  Y  Ü  O  T  O  A
A  O  R  M  A  N  Ü  B  K  L  S  J  K  B  K
N  U  İ  V  Q  U  B  H  D  U  T  N  İ  P  I
İ  O  V  K  T  S  T  L  Y  S  R  P  Ö  I  Ş
K  G  V  L  O  O  M  L  Q  A  G  C  R  P  A
T  H  N  G  N  Y  V  U  J  F  U  J  T  V  M
P  I  U  G  Q  Y  A  G  I  L  T  O  Ü  I  R
C  N  L  G  L  T  E  K  J  V  V  J  S  H  A
E  O  Q  F  R  U  S  L  O  D  F  C  Ü  P  S
```

| | |
|---|---|
| AĞAÇ | GÜBRE |
| DUT | ÇİÇEK |
| BAMBU | FLORA |
| BOTANİK | YEŞİLLİK |
| KAKTÜS | ORMAN |
| ÇALI | BAHÇE |
| BÜYÜMEK | YOSUN |
| SARMAŞIK | YAPRAK |
| OT | KÖK |
| FASULYE | BİTKİ ÖRTÜSÜ |

# 15 - Spezie

```
A U D H T J T T E B G H M B K
C I Y U I H U Z A Y L I N A V
I K L A R R Z K N R A Q R U Z
S R A N A S O N A Q Ç J E T E
Z E R D E Ç A L L K I I U A N
İ B S A R I M S A K U H N T C
V İ N H V M A Q K Z J L J L E
E B V J E C B R F D K G E I F
C I M K Y V P I K J C Z N K I
D Z E Ö H P S B B A I J E İ L
V I Y R Q U Z N A E Y D Z Ş L
K M A İ S A F R A N R Z E N L
D R N A Ğ O S I I T U R R İ U
R I B V O M K İ M Y O N N Ş V
N K Y I B S T S M O R V O I Z
```

SARIMSAK
ACI
ANASON
TARÇIN
KAKULE
SOĞAN
KİŞNİŞ
KİMYON
ZERDEÇAL
KÖRİ

TATLI
REZENE
MEYAN
CEVİZ
KIRMIZI BİBER
BIBER
TUZ
VANİLYA
SAFRAN
ZENCEFİL

# 16 - Numeri

```
A  B  G  P  Z  C  D  N  O  U  C  Y  N  T  G
L  Z  2  T  G  C  O  Ç  Ü  N  O  A  E  V  D
J  Y  Q  R  A  G  N  P  V  Z  D  O  S  N  Y
Q  Y  Z  C  Ü  Ç  S  E  K  İ  Z  A  P  A  H
N  E  O  N  Y  E  D  I  A  M  U  P  L  Z  R
Z  D  O  H  A  Y  R  Z  F  R  K  S  S  I  B
C  İ  N  V  R  F  S  A  P  P  O  O  P  K  K
T  N  A  F  G  J  Z  T  R  Ö  D  N  O  E  H
E  N  L  T  G  K  H  Q  Y  V  E  R  Q  S  C
Q  F  T  Q  K  B  J  N  K  İ  I  Z  M  N  S
N  C  I  Q  A  I  Y  R  G  B  R  D  T  O  R
B  T  O  Q  P  R  L  L  K  E  I  M  Ö  E  M
A  L  T  I  O  J  A  D  P  Ş  F  L  İ  R  V
S  Z  L  O  N  I  K  I  Z  P  I  G  J  K  T
O  N  D  O  K  U  Z  O  T  K  S  H  O  C  P
```

| | |
|---|---|
| BEŞ | DÖRT |
| ONDALIK | ON ALTI |
| ON DOKUZ | ALTI |
| ON YEDI | YEDİ |
| ONSEKIZ | ÜÇ |
| ON | ON ÜÇ |
| ON IKI | BIR |
| DOKUZ | YİRMİ |
| SEKİZ | SIFIR |
| ON DÖRT | |

# 17 - Cioccolato

```
K  C  A  Ş  C  C  F  Q  P  M  F  A  I  K  J
A  O  N  K  E  A  C  F  R  L  J  N  Ç  K  P
R  U  T  M  J  K  B  L  A  M  Y  Z  E  S  N
A  U  İ  U  S  H  E  D  O  M  B  J  R  P  A
M  Q  O  M  U  Y  K  R  O  C  E  V  I  I  O
E  D  K  K  B  Z  R  F  E  T  A  T  K  E  I
L  H  S  E  B  M  S  Z  O  T  K  E  M  E  Y
S  N  İ  A  R  O  M  A  A  C  I  K  G  Z  F
H  Z  D  V  A  U  P  H  K  Z  T  L  E  Q  A
B  D  A  U  İ  R  O  L  A  K  O  M  A  F  V
A  V  N  P  E  O  P  N  K  R  Z  Y  D  K  O
Z  A  N  A  A  T  F  R  A  S  G  J  I  I  R
T  A  T  L  I  L  T  E  Z  Z  E  L  G  S  I
N  C  D  L  R  Y  V  D  I  M  K  E  D  S  N
S  E  V  Z  P  B  Y  L  F  L  Ö  Z  L  E  M
```

| | |
|---|---|
| ACI | TATLI |
| ANTİOKSİDAN | EGZOTIK |
| AROMA | TAT |
| ZANAAT | IÇERIK |
| ÖZLEM | YEMEK |
| KAKAO | TOZ |
| KALORİ | FAVORI |
| KARAMEL | KALITE |
| LEZZETLI | ŞEKER |

# 18 - Guida

```
F  J  Q  Y  F  M  T  M  O  B  A  P  Y  O  L
P  B  N  D  G  H  O  F  Z  A  R  O  T  O  M
L  İ  S  A  N  S  T  T  L  S  A  L  I  N  K
N  R  J  G  L  Q  A  I  O  J  B  İ  N  E  M
O  G  B  Y  Z  E  K  K  K  S  A  S  G  V  N
T  H  A  R  U  A  H  A  R  I  İ  Y  A  Y  A
O  A  G  R  Z  D  A  Y  A  Z  A  K  M  E  D
B  R  G  E  A  G  N  E  Y  I  E  İ  L  V  B
Ü  İ  P  L  O  J  Q  S  O  H  M  F  E  E  E
S  T  L  N  A  Z  A  R  N  L  N  A  N  K  T
Q  A  U  E  H  S  E  G  D  Z  İ  R  Ü  I  K
E  N  R  R  J  A  K  R  A  J  Y  T  T  L  C
G  H  C  F  B  V  C  U  U  Z  E  T  M  H  T
K  I  L  I  C  A  M  I  Ş  A  T  G  Q  E  L
O  F  H  D  M  E  K  Q  F  P  L  T  E  T  I
```

| | |
|---|---|
| ARABA | MOTOR |
| OTOBÜS | YAYA |
| YAKIT | TEHLIKE |
| FRENLER | POLİS |
| GARAJ | EMNİYET |
| GAZ | YOL |
| KAZA | TRAFİK |
| LİSANS | TAŞIMACILIK |
| HARİTA | TÜNEL |
| MOTOSİKLET | HIZ |

# 19 - Forza e Gravità

```
H  S  Z  H  Q  K  N  L  I  A  U  Y  D  M  M
I  Ü  A  N  N  P  B  Z  G  M  C  Ö  İ  E  E
Z  R  E  L  K  İ  L  L  E  Z  Ö  R  N  K  S
P  T  G  U  E  H  O  Q  F  U  B  Ü  A  A  A
Z  Ü  H  A  R  E  K  E  T  I  F  N  M  N  F
E  N  B  A  S  I  N  Ç  P  E  N  G  İ  İ  E
K  M  S  A  Q  K  A  D  D  I  L  E  K  K  E
R  E  E  V  N  I  M  T  H  R  H  V  P  G  D
E  I  C  L  N  L  A  P  O  E  A  S  T  O  F
M  K  R  Z  Ş  R  Z  C  M  K  A  J  D  G  S
H  V  C  H  D  I  C  I  G  S  B  T  D  P  H
F  İ  Z  İ  K  Ğ  N  Y  O  E  K  E  Ş  I  F
N  Q  K  R  J  A  L  E  S  N  E  R  V  E  E
R  Q  U  V  C  I  S  L  G  R  F  I  R  D  C
G  E  Z  E  G  E  N  L  E  R  N  A  H  C  G
```

| | |
|---|---|
| EKSEN | YÖRÜNGE |
| SÜRTÜNME | AĞIRLIK |
| MERKEZ | GEZEGENLER |
| DİNAMİK | BASINÇ |
| MESAFE | ÖZELLİKLER |
| GENİŞLEME | KEŞIF |
| FİZİK | ZAMAN |
| MEKANİK | EVRENSEL |
| HAREKET | HIZ |

# 20 - Uccelli

```
D F K E Z O S M P Q B V Z F F
K E L E K N E A E L E Y L E K
K U V A T L R R N S T U A I U
F F B E M O Ç T G N A V T J G
K P U T K İ E I U Ğ U K R V U
U C Z A K U N V E M J C A Z G
B G U V E Ş G N U A V K D G
Ö A E U H K V U O T U K A N Ü
R K L S G Ü V E R C I N K A V
D T E I U L B N O Z I K B K E
E V U R K R G E D I M C J İ R
K I V G I Ç Y L Q E Q V O L C
K B I L H R I S M K K V T E İ
B S C V P B B L D Z P E B P N
P A P A Ğ A N Y U M U R T A D
```

BALIKÇIL
ÖRDEK
KARTAL
LEYLEK
KUĞU
GÜVERCİN
GUGUK
FLAMİNGO
MARTI
KAZ

PAPAĞAN
SERÇE
TAVUS
PELİKAN
GÜVERCIN
PENGUEN
TAVUK
DEVEKUŞU
TUKAN
YUMURTA

# 21 - Giorni e Mesi

```
H D A L V P N L Z H N E N N P
H P N R R L O T H C A O D K A
A H A Z I R A N R M M F O K Z
N Y L G A C T S A L I I T R A
E Y L Ü L B E O Z I T S Y A R
J F S M K S M T A Y I L A O T
L I I R K Q M S P G S M I K E
J Q C S K Q U U K C E K C A S
T A K V I M Z Ğ N U T N R C I
A J Y R L O V A I M R Z Z O F
B P V U A P R D S A A I V R C
U K N K R N G V A F M O O M O
Ş K P V A R J P N H U Q A S H
Ç A R Ş A M B A H B C C F E U
B M C Z O P H Q S D R M F L M
```

| | |
|---|---|
| AĞUSTOS | PAZARTESI |
| YIL | SALI |
| NISAN | ÇARŞAMBA |
| TAKVIM | AY |
| ARALIK | KASIM |
| PAZAR | EKIM |
| ŞUBAT | CUMARTESI |
| OCAK | EYLÜL |
| HAZIRAN | HAFTA |
| TEMMUZ | CUMA |

# 22 - Casa

```
D V S C D Ç O F H J Y M I F L
S N Ü V R A S T L Z C U M G B
R I P A K T U N T Y Q G G E B
H T Ü B M I O A S R Q I S N K
S H R A I P E N C E R E Q L R
H N G D I T I Ç Z Ç K N A L E
G O E G A R A J E H J B O V E
M U S L U K N K M A G R Y D N
C Z Z Z N A Y P I B P P M J A
M I T S Y F A Q N T R R D L H
İ T E L D T F I A D A V L Y P
L A M B A U O C V D V Ç P E Ü
İ J N M V M O D A P U E P S T
K Ş Ö M İ N E Z T L D Ş R R Ü
Z I O B K U C M F P A M Y Y K
```

| | |
|---|---|
| ÇATI KATI | DUVAR |
| KÜTÜPHANE | ZEMIN |
| ODA | KAPI |
| ŞÖMİNE | ÇIT |
| MUTFAK | MUSLUK |
| DUŞ | SÜPÜRGE |
| PENCERE | TAVAN |
| GARAJ | AYNA |
| BAHÇE | KİLİM |
| LAMBA | ÇATI |

# 23 - Fantascienza

```
E  G  T  G  T  E  N  A  H  E  K  C  R  T  V
E  L  İ  C  P  K  N  Y  H  K  İ  M  O  T  A
C  A  H  Z  K  B  D  P  N  Z  T  H  Y  N  Y
E  L  Ş  V  E  Z  Y  O  A  D  A  K  Ö  G  N
Y  L  J  I  R  M  P  T  İ  N  P  F  B  N  Ü
A  A  M  T  R  P  L  Ü  L  O  L  L  F  K  D
R  L  R  C  D  I  U  I  A  Q  A  L  Z  I  G
O  P  A  T  L  A  M  A  Y  T  R  L  F  T  E
Y  A  N  I  L  S  A  M  A  M  E  N  İ  S  R
R  A  L  T  O  B  O  R  H  N  B  Ş  G  A  Ç
A  F  Ü  T  Ü  R  I  S  T  I  K  J  P  T  E
N  E  G  E  Z  E  G  Z  E  P  S  U  E  N  K
E  T  E  K  N  O  L  O  J  I  P  Q  E  A  Ç
S  I  D  L  M  C  L  U  J  R  T  U  L  F  İ
D  F  C  Q  G  N  Q  Q  T  Z  V  K  J  M  K
```

| | |
|---|---|
| ATOMİK | KİTAPLAR |
| SİNEMA | GIZEMLI |
| PATLAMA | DÜNYA |
| AŞIRI | KEHANET |
| FANTASTIK | GEZEGEN |
| ATEŞ | GERÇEKÇİ |
| FÜTÜRISTIK | ROBOTLAR |
| GÖKADA | SENARYO |
| YANILSAMA | TEKNOLOJI |
| HAYALİ | ÜTOPYA |

# 24 - Città

```
C J B R H C B L Z Y F P K M M
J R Y K N U Q G P K I A Ü Ü A
Ü N I V E R S I T E Q T T Z Ğ
İ K L O G D F P R V S E Ü E A
Ç İ Ç E K Ç İ G P V P K P H Z
P N J V T H R A Z A P R H A A
A İ Q I D O E N L U N A A V K
T L O K P J L F B R P M N A D
İ K U K T Y A D A R T R E L G
K A U I U İ G G N A M E N İ S
F I R I N L Y U K J A P A M V
S T A D Y U M A A E C Ü Z A D
R E S T O R A N T B M S C N J
O D E B Y M F L B R Y B E I H
T S B Z H D A Z Q J O G D F C
```

| | |
|---|---|
| HAVALİMANI | PAZAR |
| BANKA | MÜZE |
| KÜTÜPHANE | MAĞAZA |
| SİNEMA | FIRIN |
| KLİNİK | RESTORAN |
| ECZANE | OKUL |
| ÇİÇEKÇİ | STADYUM |
| GALERİ | SÜPERMARKET |
| OTEL | TİYATRO |
| KİTAPÇI | ÜNIVERSITE |

# 25 - Fattoria #1

```
Q K I D O M U Z P A T R K O T
Y N P Q A I J S U I J K E L S
M A Z R E R B Ü G S R U D S G
Z B V T N A L A N Q A I İ Z E
H F L R Q T O Y R H G M N I Ş
Z R B G D I L U J L B C A Ç E
L Y U U B T J E A P V P V N K
M D T F A K Ç F Y J C F Q S E
J A B Ü I E İ N E K C K R P
E K A R I Ç T Q B K P Q C P Ö
C U İ Ğ I I P A P C Y K R K
Z G O S A P F U L L H Y I T U
R I P M Z H T K M N F Z P B V
B P E M U U T E H D E G V C A
G P Y I B T O H U M D O V E T
```

SU
TARIM
ARI
EŞEK
ALAN
KÖPEK
KEÇI
AT
GÜBRE
SAMAN

KEDİ
SÜRÜ
DOMUZ
BAL
İNEK
TAVUK
ÇIT
PIRINÇ
TOHUM
BUZAĞI

# 26 - Psicologia

```
B  S  Z  D  Ü  Ş  Ü  N  C  E  L  E  R  H  S
S  I  G  L  A  I  N  K  D  P  V  U  E  P  A
O  H  L  C  B  I  T  L  A  Ç  N  İ  L  İ  B
R  H  A  I  L  F  P  İ  G  Y  Ç  P  İ  B  F
U  T  D  H  Ş  G  O  N  T  A  O  A  K  I  İ
N  A  J  A  E  U  J  İ  C  S  C  R  T  L  K
D  M  L  L  V  Z  I  K  K  T  U  E  E  I  İ
Ç  U  K  U  U  R  Y  S  T  F  K  T  Y  N  R
E  V  Y  O  O  S  A  U  H  S  L  O  B  Ç  L
K  E  T  G  F  U  L  N  R  D  U  Y  J  S  E
I  D  Q  E  U  Y  M  N  İ  S  K  P  D  I  R
Ş  N  O  E  M  L  C  P  R  Ş  A  I  Y  Z  A
M  A  M  U  Y  Z  A  K  I  Ş  I  L  I  K  A
E  R  E  R  U  U  S  R  U  V  V  O  I  H  C
U  Q  V  U  L  G  E  R  Ç  E  K  L  I  K  K
```

RANDEVU
KLİNİK
BILIŞ
DAVRANIŞ
ÇEKIŞME
EGO
DUYGULAR
FİKİRLER
BILINÇSIZ
ÇOCUKLUK

ETKİLER
DÜŞÜNCELER
ALGI
KIŞILIK
SORUN
GERÇEKLIK
HIS
BİLİNÇALTI
TERAPİ

# 27 - Paesaggi

```
F P T B F Y Ş V A H A D A Y M
B H U Y S N G E M M F Y P P J
V O N A K L O V L B R F A S S
I V D D D C P U J A L P N M N
Y I R A C V L T L D L H E A O
T R A T B G H M F A L E H Ğ I
Z E E U I D A V E M A Y I A J
Z Z P J I A C Z U I O B R R C
D Y U E P Ğ D F O R B T U A V
G A C N Z G H I Ğ A D Z U B A
Ç G B D E N I Z E Y R D C T I
Ö U U F P D D H G Z J L A V M
L B Z B Q C M O B Ö D Z R E R
T H U O K Y A N U S L A F D M
A Q L B A T A K L I K R T B U
```

| | |
|---|---|
| ŞELALE | DENIZ |
| TEPE | DAĞ |
| ÇÖL | VAHA |
| NEHIR | OKYANUS |
| GAYZER | BATAKLIK |
| BUZUL | YARIMADA |
| MAĞARA | PLAJ |
| BUZDAĞI | TUNDRA |
| ADA | VADI |
| GÖL | VOLKAN |

# 28 - Energia

```
I  P  Z  J  Y  R  I  Q  N  G  P  M  F  Y  Q
K  I  L  I  L  R  I  K  İ  V  M  A  O  E  C
Y  L  R  O  T  O  M  B  B  E  H  Z  T  N  V
O  A  J  T  F  J  Z  D  R  U  C  O  O  İ  O
J  R  K  G  S  P  U  B  Ü  R  H  T  N  L  Q
N  D  H  I  R  Ü  Y  F  T  Z  E  A  D  E  H
O  Z  T  S  T  L  D  R  F  R  J  K  R  N  Q
R  A  E  I  O  D  C  N  N  S  E  U  E  E  N
T  R  Ü  Z  G  A  R  İ  E  E  K  O  E  B  I
K  K  A  R  B  O  N  Z  J  R  C  M  L  İ  M
E  N  T  R  O  P  İ  N  O  F  F  N  K  L  Y
L  F  C  Y  M  Q  R  E  R  P  M  V  Ü  İ  A
E  J  E  U  D  E  Y  B  D  A  Q  K  N  R  V
E  L  E  K  T  R  İ  K  İ  V  R  Q  N  K  P
H  Ç  E  V  R  E  U  V  H  I  B  V  I  O  M
```

| | |
|---|---|
| ÇEVRE | FOTON |
| PIL | HİDROJEN |
| BENZİN | ENDÜSTRI |
| ISI | KIRLILIK |
| KARBON | MOTOR |
| YAKIT | NÜKLEER |
| MAZOT | YENİLENEBİLİR |
| ELEKTRİK | TÜRBİN |
| ELEKTRON | BUHAR |
| ENTROPİ | RÜZGAR |

# 29 - Moda

```
Ö O Q C A N D E Y L D H C K J
L M Q P M T A H A R U J N P F
Ç M Ü Z H V N L K Q Y N S A Y
Ü H İ T A D T Z J U S L I H K
M Y A N E U E D M Q M R S A K
Q R T G İ V L S I O M A J L Z
P A T H Q M A E F U P E Ş I D
A I C I O M A Z R A T O N T E
Y L V U K O D L I S A T F I S
B U T İ K D Ü M İ N A K I Ş E
N J E Z O E Ğ J M S U I R R N
I Y A M P R M H S N T T A Y V
V K R I L N E M H E D A Z J N
U E N Z P A Q Q A Y Q R Y M E
Y A K I M O N V R J K P Z Q L
```

| | |
|---|---|
| BUTİK | ASIL |
| PAHALI | DANTEL |
| RAHAT | PRATIK |
| ZARIF | DÜĞME |
| MİNİMALİST | NAKIŞ |
| ÖLÇÜM | TARZ |
| DESEN | AKIM |
| MODERN | KUMAŞ |
| MÜTEVAZI | DOKU |

# 30 - L'Azienda

```
M  P  I  L  E  R  L  E  M  E  Y  Y  B  J  K
Q  R  Ç  K  C  D  J  G  I  R  A  A  İ  S  N
U  O  K  A  I  S  N  F  S  V  R  T  R  J  R
P  F  I  Y  O  R  Z  C  S  A  I  İ  R  İ
K  E  L  N  J  L  V  A  O  G  T  R  M  O  S
E  S  I  A  H  A  E  G  H  D  I  I  L  H  K
N  Y  N  K  S  S  O  S  H  D  C  M  E  G  L
D  O  E  L  G  I  A  I  E  P  I  O  R  V  E
Ü  N  Y  A  I  L  O  L  T  R  A  R  A  K  R
S  E  M  R  T  I  B  L  I  N  Ü  R  Ü  I  D
T  L  M  M  I  K  G  E  L  I  R  K  N  T  Z
R  J  L  R  B  H  D  K  A  I  Ş  Z  L  H  Y
I  I  F  P  A  B  T  D  K  S  U  N  U  M  J
C  H  V  N  R  Ü  C  R  E  T  L  E  R  F  L
D  R  S  E  V  S  L  Y  Y  M  F  C  K  L  V
```

| | |
|---|---|
| YARATICI | PROFESYONEL |
| KARAR | ILERLEME |
| KÜRESEL | KALITE |
| ENDÜSTRI | GELIR |
| YENILIKÇI | ITIBAR |
| YATIRIM | RİSKLER |
| IŞ | KAYNAKLAR |
| OLASILIK | ÜCRETLER |
| SUNUM | BİRİMLER |
| ÜRÜN | |

# 31 - Giardino

```
T  I  R  T  V  V  K  O  V  Y  C  T  G  R  B
E  B  A  N  K  Y  V  Q  H  J  A  I  A  E  M
R  A  L  T  O  E  E  Ç  H  A  B  R  G  M  S
A  M  S  A  N  H  R  L  V  R  O  M  Ö  C  B
S  N  F  K  E  A  A  Ü  A  A  B  I  L  M  H
O  İ  S  N  E  Y  N  N  K  G  K  K  E  D  N
H  L  Ç  A  L  I  D  B  S  I  E  A  T  F  U
P  O  Ç  Y  A  P  A  J  S  O  A  R  N  Z  I
D  B  R  I  U  H  S  B  H  C  Q  P  H  R  O
H  M  A  T  Ç  N  J  G  R  E  K  O  A  B  P
V  A  S  Q  U  E  S  G  H  Q  A  T  M  Y  P
S  R  Q  S  A  M  K  S  U  J  Ğ  S  A  F  K
A  T  I  Z  M  I  N  A  D  P  A  T  K  R  D
E  I  N  V  H  Ç  M  D  Y  F  Ç  O  B  N  L
O  R  Y  U  U  Ç  I  T  M  Q  K  R  A  B  U
```

| | |
|---|---|
| AĞAÇ | VERANDA |
| HAMAK | TIRMIK |
| ÇALI | ÇIT |
| ÇİMEN | GÖLET |
| OTLAR | TOPRAK |
| ÇİÇEK | TERAS |
| GARAJ | TRAMBOLİN |
| BAHÇE | HORTUM |
| KÜREK | ASMA |
| BANK | |

# 32 - Riscaldamento Globale

```
U  S  M  M  Z  Y  U  N  V  M  M  O  Y  P  F
E  Z  R  R  E  L  L  İ  S  E  N  M  F  T  M
G  A  Z  K  J  A  J  D  R  V  R  U  G  H  Ç
A  M  L  C  Q  P  U  B  V  Z  M  L  S  I  E
K  Q  A  E  O  A  T  I  P  U  M  T  I  O  V
N  M  P  Y  G  Y  C  P  D  A  O  V  J  T  R
C  A  T  E  M  Ü  K  Ü  H  T  M  E  R  B  E
K  H  O  U  K  I  T  K  R  A  Z  R  E  C  S
U  R  Y  A  Z  A  L  T  M  A  K  I  N  Q  E
J  D  I  E  H  U  F  K  E  C  E  L  E  G  L
T  H  Q  Z  S  T  B  K  I  Ş  I  M  D  I  R
N  Ü  F  U  S  G  E  L  I  Ş  M  E  P  M  J
U  T  T  R  Z  M  V  E  N  D  Ü  S  T  R  I
U  L  U  S  L  A  R  A  R  A  S  I  N  N  S
J  S  I  C  A  K  L  I  K  L  A  R  I  S  Y
```

| | |
|---|---|
| ÇEVRESEL | HÜKÜMET |
| ARKTIK | ENDÜSTRI |
| IKLIM | ULUSLARARASI |
| KRIZ | MEVZUAT |
| VERI | ŞIMDI |
| ENERJI | NÜFUS |
| GELECEK | AZALTMAK |
| GAZ | GELIŞME |
| NESİLLER | SICAKLIKLAR |

# 33 - Frutta

```
V  N  I  L  A  T  F  E  Ş  F  G  Z  J  B  A
Y  V  T  G  İ  U  L  R  A  T  K  E  N  Y  H
M  U  L  C  H  M  C  I  E  Y  I  T  J  Y  U
M  U  E  U  B  R  O  K  I  L  V  H  K  D  D
A  R  Z  A  F  A  T  N  E  F  M  Z  İ  B  U
N  B  Ö  Ğ  Ü  R  T  L  E  N  K  A  V  K  D
G  A  Y  A  P  A  P  U  Z  V  J  R  İ  Z  U
O  N  H  E  Ü  N  C  S  L  D  Q  I  Q  G  C
J  A  E  T  Z  I  M  P  S  R  I  K  I  H  N
G  N  U  E  Ü  D  O  M  O  U  O  C  J  A  U
N  A  N  L  M  V  Z  F  M  A  N  K  G  E  R
Q  S  H  J  Z  C  K  A  V  U  N  Y  N  B  U
S  V  Z  D  M  M  U  P  Z  P  Y  V  A  E  T
O  V  C  V  D  B  S  I  P  F  C  A  D  J  U
A  V  O  K  A  D  O  P  K  A  Y  I  S  I  D
```

| | |
|---|---|
| KAYISI | MANGO |
| ANANAS | ELMA |
| TURUNCU | KAVUN |
| AVOKADO | BÖĞÜRTLEN |
| DUT | NEKTAR |
| MUZ | PAPAYA |
| KIRAZ | ARMUT |
| KİVİ | ŞEFTALI |
| AHUDUDU | ERIK |
| LİMON | ÜZÜM |

# 34 - Fattoria #2

```
J Z L J S C G Y H M B D E P R
Ç A Y I R L I C A E Y U O H O
A M Y A E L D F Y Y D R A K R
G A G P D Y A A V V L S S V L
B L M R O Ğ E H A E K O Y U N
U A Z A T I U Z N C Z H R T A
P Q H V O C S B L O R J H R V
M V I Ç Y J S Q A R Q B E A O
L Q Z K E D R Ö R I S I M K K
I L O U G D A P E Ç U L I T S
S U L A M A L G Ç T Z I Q Ö L
K P J J B T Z D O F E M Z R K
R G E S M F A Q B I Y K Y H U
J L R L Ü K K L A Ç T H I L Z
A H I R V T F Q N K T E K J U
```

| | |
|---|---|
| KUZU | SULAMA |
| ÇIFTÇI | LAMA |
| KOVAN | SÜT |
| ÖRDEK | MISIR |
| HAYVANLAR | KAZLAR |
| GIDA | ARPA |
| AHIR | ÇOBAN |
| MEYVE | KOYUN |
| BAHÇE | ÇAYIR |
| BUĞDAY | TRAKTÖR |

# 35 - Verdure

```
B P K P C A K F R T G L S D Z
R E O Z H V Z P R U T L O L E
E E Z J D J İ K A N A P S I Y
K N R E C C V V T T Z M L B T
A H G U L H E A N U L K J Ç I
B R Z İ O Y R P A S I I U U N
A T L L N S E A M Q F L C V R
K U Y Z B A K T A C E A K A V
H Z I Y K M R A G M C T O H N
D O M A T E S T L A N Ğ O S
B R O K O L İ E A F E L F U G
Z K A T A L A S Ş E Z A K C Z
Z S A R I M S A K M R S N G N
M A Y D A N O Z C C E J I A Q
I I P F Y T C R T A T U U O T
```

| | |
|---|---|
| SARIMSAK | PATATES |
| BROKOLİ | BEZELYE |
| ENGİNAR | DOMATES |
| HAVUÇ | MAYDANOZ |
| SALATALIK | ŞALGAM |
| SOĞAN | TURP |
| MANTAR | KEREVİZ |
| SALATA | ISPANAK |
| PATLICAN | ZENCEFIL |
| ZEYTIN | KABAK |

# 36 - Musica

```
P Z E E U G D H R D M L O T M
L M S V S M L H A U Z O P H E
F E B I T I Y A K R U O E E L
E T K P E N Z K K E M I R M O
M N İ U M Ü B L A İ S O A İ D
Ü D S K P P N O T E Z A N T İ
Z O A T O L P I M J F Ü T İ J
İ Ğ L V R K O R O O V S M R K
S A K A T Ü Ş İ İ R S E L İ İ
Y Ç P Z C S M T M U A O V T R
E L I C I K R A Ş V H V O M İ
N A B U G U R N N Q E O K İ L
I M M İ K R O F O N N V A K T
S A K N M Y E L H N K K L P U
P C N U Y Q Q S F T N O P J R
```

| | |
|---|---|
| ALBÜM | MÜZİKAL |
| AHENK | MÜZİSYEN |
| HARMONİK | OPERA |
| ŞARKICI | ŞİİRSEL |
| KLASİK | KAYIT |
| KORO | RİTMİK |
| DOĞAÇLAMA | RİTİM |
| LİRİK | ENSTRÜMAN |
| MELODİ | TEMPO |
| MİKROFON | VOKAL |

# 37 - Barbecue

```
O Ç M K H H R I S O S S O B D
U Y O Ü K F E T O V A E L S Y
G O U C Z A Y A Ğ Z L B D G B
B F M N U I B V A R A Z A I U
B T V C L K K U N O T E G F U
T M S Y M A L K Y Q A L A T B
I Z G A R A R A V Z L E Q U D
E A D R E J V C R A A R P D J
D A V E T A L I H A R S Z N L
E D O B E B S S M Z M N Z G C
A Ç L I K U M E Y V E G B Q C
T U G B B K J L F S E F M A C
G I D A U U S I Z F E Z Q N E
Q K G I R O E A U S B I Ç A K
I V K I D O M A T E S L E R H
```

| | |
|---|---|
| ÇOCUKLAR | IZGARA |
| SICAK | SALATALAR |
| GIDA | DAVET |
| SOĞAN | MÜZIK |
| BIÇAK | BIBER |
| YAZ | TAVUK |
| AÇLIK | DOMATESLER |
| AILE | TUZ |
| MEYVE | SOS |
| OYUNLAR | SEBZELER |

# 38 - Riempire

```
T  J  L  M  R  D  B  P  A  V  A  C  M  J  Y
J  A  B  N  I  H  A  S  H  T  K  P  H  Y  G
J  N  M  D  E  V  S  O  R  V  O  I  O  K  F
Z  B  P  I  G  G  Y  B  Z  L  T  I  H  V  S
M  F  E  Q  T  B  E  B  B  H  H  V  I  R  V
P  J  C  V  Ç  A  K  U  T  U  S  Y  J  M  L
Q  V  E  T  A  V  O  K  R  E  Ş  I  Ş  Q  O
Z  S  M  E  N  U  K  I  T  B  V  Z  I  L  A
F  G  K  P  T  L  P  D  Z  I  D  Ü  A  Z  P
Y  I  E  S  A  Z  A  N  O  T  R  A  K  R  D
N  P  Ç  I  Z  D  K  A  S  E  P  E  T  Ö  F
V  P  G  I  V  T  E  S  Y  H  E  P  F  S  G
G  M  U  B  A  Ü  T  T  B  U  C  O  Z  A  V
E  U  O  I  H  P  A  G  V  R  T  D  Z  L  L
U  J  O  N  U  V  L  L  B  L  H  R  Y  K  C
```

| | |
|---|---|
| HAVZA | PAKET |
| FIÇI | KUTU |
| ÇANTA | KOVA |
| ŞİŞE | CEP |
| ZARF | TÜP |
| KLASÖR | BAVUL |
| KARTON | KÜVET |
| SANDIK | VAZO |
| ÇEKMECE | TEPSI |
| SEPET | |

# 39 - Insetti

```
P Ç S D C L E H G K E K D Y C
M K E P T E V K Z E Q E S A Z
N T V K İ C L I P L N Ç I B K
D B Ü K İ R M L U E V I V A Q
P I G E A R E O N B Y B R N E
R Ğ V N R H G F A E U O I A Z
P E C İ I Q S E C K S Y S R M
L C R S S N K B N M U N I I Z
A Ö V İ M A N T I S F U N S I
R B K R E C M H R U Ç Z E I R
V R I V Y U P D A J U U K T G
A U D İ I L U B K U K E C Ö B
A Ğ U S T O S B Ö C E Ğ İ U P
G U E Z P S Y A P R A K D İ D
T E R M İ T T Z V E V G L Y Z
```

| | |
|---|---|
| YAPRAKDİD | KEÇİBOYNUZU |
| ARI | MANTIS |
| ÇEKİRGE | SİVRİSİNEK |
| AĞUSTOSBÖCEĞİ | PİRE |
| UĞUR BÖCEĞİ | BÖCEK |
| GÜVE | TERMİT |
| KELEBEK | SOLUCAN |
| KARINCA | YABAN ARISI |
| LARVA | SIVRISINEK |
| YUSUFÇUK | |

# 40 - Fisica

```
R D U J A H N Ü K L E E R G E
C O R N E F I A G Y H E D Ö V
A Y K G E L O Z I H L S U R R
Z H N A M U E F L I J R M E E
Y M C S E M C K P A R H E L N
N O H L L V D G T V N F P I S
A T Ğ D Ş Z B J V R A M T L E
P A Y U I O U R O T O M A I L
I M K İ N A K E M K D N T K J
Z Y M K E L Ü K İ T R A P O V
N A O E G Ü U M D Z Z B B R
L A S A Y M I K K A O S D O G
Z M E U A R M O L E K Ü L K A
T D Z L R O S I K L I K O N Z
Q Y D K Q F Y E R Ç E K İ M İ
```

| | |
|---|---|
| HIZLANMA | YERÇEKİMİ |
| ATOM | MEKANİK |
| KAOS | MOLEKÜL |
| KIMYASAL | MOTOR |
| YOĞUNLUK | NÜKLEER |
| ELEKTRON | PARTİKÜL |
| GENİŞLEME | GÖRELILIK |
| FORMÜL | EVRENSEL |
| SIKLIK | HIZ |
| GAZ | |

# 41 - Agronomia

```
B  Ü  Y  Ü  M  E  T  Q  Y  P  U  E  Y  H  B
H  U  D  H  C  G  G  A  D  I  G  Y  A  A  I
A  A  M  R  I  T  Ş  A  R  A  J  E  P  S  L
B  K  E  G  B  S  G  V  H  I  U  N  I  T  I
Ç  I  J  Z  İ  R  B  G  R  G  M  E  M  A  M
E  R  P  R  T  E  N  O  Y  Z  O  R  E  L  C
V  L  O  U  K  L  K  T  C  J  Y  J  E  I  M
R  I  A  G  İ  K  U  O  Z  O  J  I  G  K  S
E  L  T  N  L  K  R  D  L  M  I  S  Ü  L  F
F  I  E  C  E  T  Z  L  D  O  T  U  B  A  Y
N  K  L  R  R  J  A  H  G  H  J  C  R  R  G
O  R  G  A  N  İ  K  E  D  J  Q  İ  E  A  F
Z  S  S  T  O  H  U  M  K  I  R  S  A  L  V
L  Z  C  J  T  V  R  S  T  E  N  B  B  E  Y
D  O  K  U  M  A  K  A  R  P  O  T  G  U  L
```

| | |
|---|---|
| SU | HASTALIKLAR |
| TARIM | ORGANİK |
| ÇEVRE | BİTKİLER |
| GIDA | YAPIM |
| BÜYÜME | ARAŞTIRMA |
| EKOLOJİ | KIRSAL |
| ENERJI | BILIM |
| EROZYON | TOHUM |
| GÜBRE | OKUMAK |
| KIRLILIK | TOPRAK |

# 42 - Erboristeria

```
M  F  E  S  L  E  Ğ  E  N  D  N  A  N  E  L
İ  E  N  E  Z  E  R  M  U  E  Ç  H  A  B  Q
A  Ç  R  Q  Y  J  O  R  H  R  J  M  Z  L  U
T  R  E  C  K  L  A  Z  R  E  T  İ  L  A  K
N  R  O  R  A  G  K  Q  A  O  O  J  V  M  A
A  T  D  M  İ  N  B  J  T  T  E  P  Q  A  S
V  B  A  D  A  K  K  Z  A  U  Y  M  E  Y  M
A  İ  S  O  M  T  Q  Ö  Ç  I  Ç  E  K  D  I
L  B  I  K  L  J  İ  L  Ş  M  Q  F  U  A  R
İ  E  İ  Z  K  B  F  K  İ  K  E  K  Y  N  A
Ş  R  B  Z  G  F  N  A  R  F  A  S  S  O  S
E  İ  I  U  E  U  P  F  F  Q  Z  K  E  Z  C
Y  Y  T  O  K  P  Z  T  Q  A  Z  U  V  K  S
J  E  K  S  I  S  E  U  N  P  E  A  R  Y  B
P  B  I  C  J  F  O  M  Q  O  E  F  K  A  B
```

| | |
|---|---|
| SARIMSAK | LAVANTA |
| DEREOTU | MERCANKÖŞK |
| AROMATİK | NANE |
| FESLEĞEN | BITKI |
| MUTFAK | MAYDANOZ |
| TARHUN | KALITE |
| REZENE | BİBERİYE |
| ÇİÇEK | KEKİK |
| BAHÇE | YEŞIL |
| IÇERIK | SAFRAN |

# 43 - Danza

```
L Ü T U F İ M E D A K A R D H
D T A J G F C K P N T Q İ U A
V F I O K A T R O S A P T Y R
H I O E Ü R V S Y U C C İ G E
S Q E F L G K O E L I C M U K
P A P M T O E H R V Ü C U T E
V Y N V Ü E V D Q P H L B N T
D T E A R R Q M Q S H H M E T
Q T K O T O A N L A M L I Ş K
C U E F S K İ S A L K T F E K
K Ü L T Ü R E L Q M N S A L M
G E L E N E K S E L Ü C H I A
G Ö R S E L Y R O H Z Z E P I
N D B Q K H A M D T H Y I D U
M N Y D U R U Ş V A C O S K D
```

| | |
|---|---|
| AKADEMİ | NEŞELI |
| SANAT | LÜTUF |
| KLASİK | HAREKET |
| ORTAK | MÜZIK |
| KOREOGRAFİ | DURUŞ |
| VÜCUT | PROVA |
| KÜLTÜR | RİTİM |
| KÜLTÜREL | GELENEKSEL |
| DUYGU | GÖRSEL |
| ANLAMLI | |

# 44 - Biologia

```
H Ü C R E M I R V E C P G T C
N G I J B U M E M E L İ Q R Y
N S R C L T I U H Y A S F S O
C İ M O T A N A H M F O S O K
K S R F L S A V E O İ V G Z J
J O N O T Y D V P Y R A I M Z
T İ L N U O B H J İ E M K O S
C B T A U N U F P R T M O S İ
G M A D J Q R O P B K N N N N
C Y F R B E U U Z M A İ D M A
L S E M R I N I S E B E F İ P
M O U M F O T O S E N T E Z S
S Ü R Ü N G E N R C K O K N N
D O Ğ A L K M M V Ö E R N E E
K R O M O Z O M L O N P Y O J
```

| | |
|---|---|
| ANATOMİ | MUTASYON |
| BAKTERİ | DOĞAL |
| HÜCRE | SINIR |
| KOLAJEN | NÖRON |
| KROMOZOM | HORMON |
| EMBRİYO | OZMOS |
| ENZİM | PROTEİN |
| EVRIM | SÜRÜNGEN |
| FOTOSENTEZ | SYMBİOSİS |
| MEMELİ | SİNAPS |

# 45 - Attività Commerciale

```
M G P P C L M Z P K V S G M P
J L A M I R I T A Y T A F A N
T F R R N N A K K Ü D T Y L R
K V A R A P D G F G O I S I V
P L B M R E Y I R A K Ş A Y I
G S İ F O J S T R O D E Y E K
G P R E E G M F I I B C M T A
Z F İ T Z U S M L E M J G E Z
N K M G D G D N E K E H U K C
K G İ B Ü T Ç E G O L V K R A
P Â G I O U H R V N Ş S H I H
A A R C T F L E N O I Y P Ş M
R M E N M P O V Q M H K Z Q S
Z C V F Z P K Ş O İ L F B V U
F A B R I K A I Ç A L I Ş A N
```

| | |
|---|---|
| BÜTÇE | KÂR |
| KARIYER | GELIR |
| MALIYET | INDIRIM |
| IŞVEREN | ŞIRKET |
| ÇALIŞAN | PARA |
| EKONOMİ | VERGİ |
| FABRIKA | IŞLEM |
| YATIRIM | OFİS |
| MAL | PARA BİRİMİ |
| DÜKKAN | SATIŞ |

# 46 - Fiori

```
Z  G  E  N  S  S  Ş  A  H  Ş  A  H  Q  V  G
Q  Y  J  Z  O  D  A  Y  L  O  N  A  M  P  Z
V  K  P  L  F  P  K  A  L  Y  E  L  K  E  P
T  C  D  G  Y  F  A  T  N  A  V  A  L  Z  T
İ  Ğ  E  Ç  İ  Ç  Y  A  A  Y  T  A  P  A  P
B  K  E  L  E  F  I  K  R  A  Ç  C  Y  M  T
G  U  Z  Z  Z  A  K  A  R  P  A  Y  B  B  M
E  Ü  K  K  G  A  R  D  E  N  Y  A  C  A  T
Z  F  L  E  L  A  L  S  D  P  A  A  T  K  L
H  K  I  T  T  M  K  M  İ  N  E  R  G  İ  S
P  L  U  M  E  R  I  A  K  Y  M  I  Q  O  L
Z  K  S  N  N  A  Y  K  R  U  O  P  O  M  P
K  R  Y  R  P  G  P  H  O  I  A  N  P  L  H
E  B  E  G  Ü  M  E  C  İ  I  C  C  C  S  I
E  R  Y  P  C  N  Y  A  S  E  M  İ  N  A  J
```

| | |
|---|---|
| GARDENYA | NERGİS |
| YASEMİN | ORKİDE |
| ZAMBAK | HAŞHAŞ |
| AYÇİÇEĞİ | ÇARKIFELEK |
| EBEGÜMECİ | ŞAKAYIK |
| LAVANTA | YAPRAK |
| LEYLAK | PLUMERIA |
| MANOLYA | GÜL |
| PAPATYA | YONCA |
| BUKET | LALE |

# 47 - Discipline Scientifiche

```
R  Y  P  D  J  F  B  M  K  J  G  M  N  K  A
T  K  İ  G  J  E  A  O  R  G  H  E  Ö  B  S
H  Z  J  C  İ  M  O  T  A  N  A  T  R  İ  T
R  K  O  B  C  R  J  L  P  A  U  E  O  Y  R
D  İ  L  B  İ  L  İ  M  O  Q  R  O  L  O  O
T  N  O  Z  D  O  G  J  B  J  A  R  O  L  N
Y  A  Y  M  E  K  A  N  İ  K  İ  O  J  O  O
Y  T  S  Z  O  O  L  O  J  İ  Q  L  İ  J  M
U  O  O  M  J  A  L  N  V  N  F  O  M  İ  İ
K  B  S  D  B  Z  Q  K  E  P  F  J  G  M  T
F  İ  Z  Y  O  L  O  J  İ  H  J  İ  A  R  S
T  E  R  M  O  D  İ  N  A  M  İ  K  C  N  S
U  N  D  C  B  İ  Y  O  K  İ  M  Y  A  U  S
K  I  M  Y  A  M  İ  N  E  R  A  L  O  J  İ
F  S  L  F  G  M  E  K  O  L  O  J  İ  V  V
```

ANATOMİ
ASTRONOMİ
BİYOKİMYA
BİYOLOJİ
BOTANİK
KIMYA
EKOLOJİ
FİZYOLOJİ
JEOLOJİ

DİLBİLİM
MEKANİK
METEOROLOJİ
MİNERALOJİ
NÖROLOJİ
SOSYOLOJİ
TERMODİNAMİK
ZOOLOJİ

# 48 - Scienza

```
D M T N J K İ Z İ F O D N D F
Z E T O P I H L V Y R Q I O O
F T N T D M R O C Y G R E Ğ S
R N M E M Y A E C Y A P O A İ
Q Ö E A Y A E L V K N D I J L
K Y C E V S I Ü H N İ Q I R K
S S H S N A K K N Q Z S P K K
U I P C D L Q E L P M I R V E
G E R Ç E K C L B I A P D I B
A T P L Q P O O O U M J G G I
C Q C K E S İ M İ K E Ç R E Y
R A V U T A R O B A L G Q K I
M İ N E R A L L E R Z Z J G A
B İ T K İ L E R Y I Ö A T O M
D T Z V F N Q V D S G Q N N A
```

ATOM
KIMYASAL
IKLIM
VERI
DENEY
EVRIM
GERÇEK
FİZİK
FOSİL
YERÇEKİMİ

HIPOTEZ
LABORATUVAR
YÖNTEM
MİNERALLER
MOLEKÜL
DOĞA
ORGANİZMA
GÖZLEM
BİTKİLER

# 49 - Boxe

```
T K J V Y K Ç E U A N C M J K
U E Q A M O M E A P E I B U E
C E K V E N R Z N K G V U N E
Ü L A M G I L G S E H G U U M
V D D J E Ş Ö K U R M U Y H L
G I O K I L Z I H N P C A A B
E V G U Ç F E Z B B S H A K Z
H E F V Ş J D M I D D Z T E R
C N Z V A Y S D E G S C H M M
G L U E V F D H P K E S R I D
G E B T A I Z R A K I P Y P H
S R Z A S V I R E C E B Z C H
Y J R L N U L O F Y I N S U M
B Q C A M R A T R U K Q A A N
F S O H J M C V A D N M U T I
```

BECERI
KÖŞE
HAKEM
RAKIP
TEKMELEMEK
ZIL
SAVAŞÇI
HALAT
VÜCUT

YORGUN
KUVVET
ODAK
DIRSEK
ELDIVENLER
ÇENE
YUMRUK
HIZLI
KURTARMA

# 50 - Imbarcazioni

```
M  I  D  T  E  D  F  Y  O  R  N  D  Ş  K  O
Z  Y  E  U  I  Y  Q  Y  A  O  E  E  A  A  M
S  U  N  A  Y  K  O  H  P  T  H  N  M  N  Z
D  U  İ  K  B  G  F  I  A  O  I  İ  A  O  M
T  Z  Z  İ  N  E  D  S  Ç  M  R  Z  N  F  H
Z  P  C  T  O  B  İ  R  E  F  C  C  D  F  H
L  O  İ  A  A  D  E  L  P  S  P  İ  I  F  F
P  S  L  B  Q  C  N  I  N  R  J  L  R  U  U
P  I  P  E  U  F  P  K  P  A  B  İ  A  Z  Y
D  V  B  T  C  K  F  A  D  L  D  K  B  Y  B
D  F  R  T  I  G  L  E  G  A  Z  E  L  Z  F
D  İ  R  E  K  Ö  J  R  F  G  Z  V  N  K  E
K  C  F  R  İ  L  N  E  K  L  E  Y  S  I  E
E  C  N  Ü  L  A  Y  T  C  A  H  J  Q  R  Z
G  S  R  M  V  S  H  C  Z  D  Z  S  N  P  O
```

| | |
|---|---|
| DİREK | GELGIT |
| ÇAPA | DENİZCİ |
| YELKENLİ | DENİZCİLİK |
| ŞAMANDIRA | MOTOR |
| KANO | DENİZ |
| IP | OKYANUS |
| MÜRETTEBAT | DALGALAR |
| NEHIR | FERİBOT |
| GÖL | YAT |
| DENIZ | SAL |

# 51 - Chimica

```
M N P L Q Q T N Q C C L T N A
O O J F Y M F U P S T Z F Ü S
R B L N E J O R D İ H Z C K U
G R G E A İ N D L S C F I L N
A A B J K T Y D V I G A Z E H
N K I İ Y Ü O O V M I U E A
İ I I S I C L M N I M M T R L
K L T K D Z D İ I Q E P G N K
U R I O V S C Z T K Y M Q S A
E I S R C U O N Q U K J O M L
A Ğ I O D B S E I A D B B U İ
S A A G J A S E L E K T R O N
İ F K L O R Ö Z İ L A T A K E
T F A I N A S I C A K L I K Z
H C V Z A L E Q C L A L F M H
```

| | |
|---|---|
| ASİT | HİDROJEN |
| ALKALİ | İYON |
| ATOMİK | SIVI |
| ISI | MOLEKÜL |
| KARBON | NÜKLEER |
| KATALİZÖR | ORGANİK |
| KLOR | OKSİJEN |
| ELEKTRON | AĞIRLIK |
| ENZİM | TUZ |
| GAZ | SICAKLIK |

# 52 - Api

```
E  V  Y  E  M  S  E  S  V  B  G  K  N  M  D
Ç  K  E  Ç  İ  Ç  T  I  L  A  D  Y  A  F  U
H  E  O  C  H  Ü  S  P  F  L  A  B  V  V  M
A  C  F  S  H  R  R  P  H  M  Y  A  O  A  A
B  Ö  P  F  İ  Ü  I  R  Y  U  P  O  K  I  N
K  B  H  V  S  H  S  A  L  C  M  Q  A  D  Z  E
D  L  E  T  N  B  T  U  F  U  S  G  T  S  L
E  G  Y  G  B  B  R  E  L  İ  K  T  İ  B  O
K  R  A  L  I  Ç  E  L  M  C  G  Q  N  V  P
K  A  N  A  T  L  A  R  O  I  G  Ü  T  T  T
Ç  İ  Ç  E  K  L  E  R  Y  J  N  I  N  P  M
N  D  Ç  E  Ş  I  T  L  I  L  I  K  D  E  D
T  U  V  Z  I  N  P  U  J  S  Q  F  U  A  Ş
I  M  R  D  C  Z  K  S  D  D  Y  N  I  L  R
L  Z  V  H  R  C  F  Z  R  O  V  B  V  N  U
```

| | |
|---|---|
| KANATLAR | DUMAN |
| KOVAN | BAHÇE |
| FAYDALI | BÖCEK |
| BALMUMU | BAL |
| GIDA | BİTKİLER |
| ÇEŞITLILIK | POLEN |
| EKOSİSTEM | KRALIÇE |
| ÇİÇEKLER | SÜRÜ |
| ÇİÇEK | GÜNEŞ |
| MEYVE | |

# 53 - Strumenti Musicali

```
T S C P H F B S B A G E T C H
Ü R A T İ G A M A R İ M B A E
L B O K A H N İ L O D N A M L
F U N M S R Ç Ç E L L O V R Q
Z P A Z B A O V J H Z G I U O
B U Y M A O F H Q N D R V V M
V A İ G I G N O G N V O H D Q
T N P R V G H N N J B K N Z M
H M A O B U A K T O G A F Q B
T R O M P E T T E F Y H K E Q
A H H P E J B D N B E E K O N
Y K T Q B K L J R S H R G P U
B N I S Q L C T A S R A R P E
N L R K L M U E L U V A D K C
C G N S E B P O K Y S F A P Q
```

| | |
|---|---|
| ARP | OBUA |
| BAGET | VURMA |
| BANÇO | PİYANO |
| GİTAR | SAKSAFON |
| KLARNET | TEF |
| FAGOT | DAVUL |
| FLÜT | TROMPET |
| GONG | TROMBON |
| MANDOLİN | KEMAN |
| MARİMBA | ÇELLO |

# 54 - Professioni #2

```
F  T  C  Y  J  U  N  C  G  Q  V  D  H  B  N
D  İ  V  O  Q  B  A  L  C  P  I  A  T  A  U
E  S  L  T  I  C  U  M  O  Z  P  Ç  P  H  B
D  S  T  O  N  O  R  T  S  A  D  K  Ş  Ç  D
E  J  N  L  Z  C  E  R  R  A  H  Ü  Z  I  D
K  S  B  İ  G  O  L  O  Y  İ  B  T  R  V  D
T  A  F  P  P  K  F  F  S  P  J  Ü  N  A  O
İ  C  M  İ  L  İ  B  L  İ  D  Y  P  D  N  O
F  F  O  T  O  Ğ  R  A  F  Ç  I  H  D  S  T
R  E  Z  İ  Ç  I  C  E  T  E  Z  A  G  U  D
I  E  Z  O  O  L  O  G  B  A  B  N  D  I  O
N  F  S  I  D  N  E  H  Ü  M  A  E  E  D  K
U  C  N  S  E  N  Ö  Ğ  R  E  T  M  E  N  T
K  C  I  C  A  M  R  I  T  Ş  A  R  A  N  O
H  A  Z  A  R  M  J  F  O  M  F  Z  A  B  R
```

| | |
|---|---|
| ASTRONOT | ÇIZER |
| KÜTÜPHANE | MÜHENDIS |
| BIYOLOG | ÖĞRETMEN |
| CERRAH | MUCIT |
| DIŞÇI | DILBILIMCI |
| DEDEKTİF | DOKTOR |
| FILOZOF | PILOT |
| FOTOĞRAFÇI | RESSAM |
| BAHÇIVAN | ARAŞTIRMACI |
| GAZETECI | ZOOLOG |

# 55 - Letteratura

```
D E G R V C L Y A N E K D O T
H L I O H T U A G U H V N E J
R M K M L M Y Z A C E M H G K
U V A A V A Z A R K J J L O N
J J R N V Q Y R Y I O S J N G
T H Ş J D H N İ D E J A R T Z
A I I L M L M H D K A F İ Y E
N F L B Y H T S G A Ş C T Ü R
I J A M T H E A Ö L İ A M F I
M R Ş J O O M N R S İ N J I I
C R T M Y O A A Ü I R A T S Ş
S A I N Q H M L Ş Y S L R O Q
Z Y R S E L U O O M E İ K N L
O N M İ T İ R J O Z L Z B U T
İ F A R G O Y İ B T A R Z Ç P
```

| | |
|---|---|
| ANALIZ | MECAZ |
| ANALOJİ | GÖRÜŞ |
| ANEKDOT | ŞIIR |
| YAZAR | ŞİİRSEL |
| BİYOGRAFİ | KAFIYE |
| SONUÇ | RİTİM |
| KARŞILAŞTIRMA | ROMAN |
| TANIM | TARZ |
| DİYALOG | TEMA |
| TÜR | TRAJEDİ |

# 56 - Cibo #2

```
B B H M A P K P A T R U M U Y
U M Ü Z Ü B S A D D A G F Z Z
Ğ K A M L E İ T Y R T V Z V P
D E B N D M F L O T A U U A N
A R L R T H T I Ğ Ç L S Z K T
Y E K İ O A F C U N O B M A J
B V İ N V K R A R I K K İ V İ
I İ R Y D E O N T R İ Q Z C S
T Z A E Q M Z L O I Ç K Q R A
E U Z P P K O H İ P O A H O B
A M F İ S E T A M O D Z M B E
U C A Y H A Z G P L V T F A P
K J N K U G K M R E D R J L Q
J K E D Z F V Z K U U Q S I R
S P L G G R D K R D V S V K N
```

MUZ

BROKOLİ

KIRAZ

ÇİKOLATA

PEYNIR

MANTAR

BUĞDAY

KİVİ

ELMA

PATLICAN

EKMEK

BALIK

TAVUK

DOMATES

JAMBON

PIRINÇ

KEREVİZ

YUMURTA

ÜZÜM

YOĞURT

# 57 - Nutrizione

```
D  T  P  L  Y  F  U  H  S  T  İ  A  C  U  L
R  E  R  F  E  R  M  A  N  T  A  S  Y  O  N
D  E  O  V  T  A  İ  T  S  D  E  K  L  O  D
C  S  T  L  İ  L  R  Ş  F  A  M  Y  L  F  N
J  O  E  Y  L  İ  İ  İ  J  N  Ğ  N  I  B  Q
N  S  İ  A  A  V  D  V  V  T  C  L  Y  D  R
Q  İ  N  B  K  I  N  D  B  V  J  G  I  M  E
T  R  S  P  Z  S  İ  L  E  Z  Z  E  T  K  D
T  O  A  E  B  H  S  B  A  H  A  R  A  T  E
O  L  Ğ  F  B  V  İ  T  A  M  İ  N  İ  A  N
K  A  L  N  Z  Y  E  T  N  H  A  Q  I  D  G
S  K  İ  E  A  S  Q  U  S  A  V  F  J  Y  E
İ  O  K  I  L  R  İ  Ğ  A  C  S  Z  D  U  L
N  T  L  F  E  B  Q  P  E  İ  T  U  M  L  I
V  R  I  L  İ  B  E  L  İ  N  E  Y  P  D  F
```

ACI
IŞTAH
DENGELI
KALORİ
YENILEBILIR
DIYET
SİNDİRİM
FERMANTASYON
LEZZET
SIVILAR

BESİN
AĞIRLIK
PROTEİN
KALITE
SOS
SAĞLIK
SAĞLIKLI
BAHARAT
TOKSİN
VİTAMİNİ

# 58 - Matematica

```
E  S  İ  N  C  S  O  Ü  F  K  H  J  Z  U  R
Y  A  R  I  Ç  A  P  N  S  O  A  O  K  B  K
T  O  T  B  Ö  L  Ü  M  M  Ş  C  N  C  T  Ç
O  V  E  Ü  Q  H  H  M  Q  U  I  D  D  S  E
P  J  M  F  Ç  D  I  B  M  T  M  A  R  B  V
L  D  O  V  C  G  R  I  S  E  K  L  C  V  R
A  H  E  R  A  K  E  M  R  A  L  I  Ç  A  E
M  Y  G  G  K  U  Y  N  N  J  I  K  K  L  D
S  İ  M  E  T  R  İ  Ç  A  P  B  C  N  T  N
I  E  C  F  Y  Z  T  S  K  F  A  D  E  E  K
P  A  R  A  L  E  L  K  E  N  A  R  G  J  D
G  N  O  R  J  U  F  O  B  O  T  N  K  Y  H
D  I  K  D  Ö  R  T  G  E  N  A  K  O  Q  O
N  A  R  İ  T  M  E  T  İ  K  K  D  Ç  B  A
S  R  S  E  B  Q  Z  Y  G  Z  U  E  K  G  E
```

| | |
|---|---|
| AÇILAR | PARALELKENAR |
| ARİTMETİK | ÇEVRE |
| ONDALIK | ÇOKGEN |
| ÇAP | KARE |
| BÖLÜM | YARIÇAP |
| DENKLEM | DIKDÖRTGEN |
| ÜS | SİMETRİ |
| KESIR | TOPLAM |
| GEOMETRİ | ÜÇGEN |
| KOŞUT | HACIM |

# 59 - Meditazione

```
T G U S M A N T G P D I M D J
Z I R C U E O K A U U U U D D
K G T A I B R G G M R A T Ü D
E E S M L P B H M F U H L Ş U
I V C L V S Y O A I Ş V U Ü Y
N T Y A Ğ O D U N M G R L N G
P E R S P E K T I F E R U C U
I K T E K A Z E N L J T K E L
Z E B F S E S S I Z L I K L A
Q R S E R L E S N İ H İ Z E R
D A H N U M U J D T N N P R P
A H T D H J B B C J Ş I R A B
K J G Ö Z L E M A Ç I K L I K
I C L J S C P J T K U A T Y J
L E I F M Ü Z I K R O S I O R
```

KABUL
SAKIN
AÇIKLIK
MERHAMET
DUYGULAR
MUTLULUK
NEZAKET
ZİHİNSEL
AKIL
HAREKET

MÜZIK
DOĞA
GÖZLEM
BARIŞ
DÜŞÜNCELER
DURUŞ
PERSPEKTIF
NEFES ALMA
SESSIZLIK

# 60 - Elettricità

```
J  Q  P  H  Y  S  O  Z  T  L  A  M  B  A  S
E  A  E  J  E  O  K  P  B  E  A  Ğ  Q  U  Z
N  P  N  L  U  P  M  A  M  A  L  O  P  E  D
E  T  S  Z  E  N  O  Y  Z  İ  V  E  L  E  T
R  Q  E  P  R  K  Q  D  N  K  Y  N  F  O  Y
A  E  N  U  S  Q  T  L  K  İ  V  V  H  O  U
T  J  K  M  P  B  L  R  T  R  E  Z  A  L  N
Ö  P  O  Z  İ  T  İ  F  İ  T  P  I  L  B  K
R  G  T  G  I  M  V  T  Q  K  A  S  Y  A  Z
M  I  K  N  A  T  I  S  E  E  Ç  E  B  K  J
S  I  Q  Q  Z  U  S  M  U  L  O  İ  U  Y  K
G  B  U  B  N  Y  U  V  A  E  L  J  G  A  V
N  K  S  M  B  D  N  B  L  M  Q  E  L  H  F
Y  D  V  Q  U  I  P  B  F  C  Q  Q  R  B  E
A  F  E  T  Q  M  G  F  Z  Y  R  Z  E  N  D
```

PIL
KABLO
DEPOLAMA
ELEKTRİKÇİ
ELEKTRİK
TELLER
JENERATÖR
LAMBA
AMPUL

LAZER
MIKNATIS
OLUMSUZ
NESNE
POZİTİF
YUVA
AĞ
TELEFON
TELEVİZYON

# 61 - Antiquariato

```
Y O L A Ğ A N D I Ş İ J S Z D
O Ü O A M C H G K R R E A A E
C K Z G U T C H A Y Z J N R K
O H R Y A I U Z T O J A A I O
Q U A M I Y A T I R I M T F R
O B T U U L E K Y E H O E K A
G L V U H Q O T A N T I K M T
Y A Ş Z A G A L E R İ A U P İ
Q O U L Y J O N D G K S Y Q F
R E S T O R A S Y O N İ S I R
E L T B N Y A N T B P K J N F
Ğ L R I K P I N A O P K C A K
E D A Y L I B O M V P E C A E
D O Ş V F A D F P M N F D A P
V R S H K Z K Z S Z K G N U I
```

SANAT  
OTANTIK  
ŞART  
DEKORATİF  
ZARIF  
GALERİ  
TAKI  
OLAĞAN DIŞI  
YATIRIM  
MOBILYA  

SİKKE  
FIYAT  
KALITE  
RESTORASYON  
HEYKEL  
YÜZYIL  
TARZ  
DEĞER  
YAŞ

# 62 - Escursionismo

```
R E D R D A M L K V Z E P H T
C L O I K A T İ R A H G A A E
U Ç U R U M Ğ C K O G A R V H
H F Y Y E U Y O R G U N K A L
A N S L E G T C U I G O L H İ
Y L I T N A L P O T Ğ T A V K
V M I Y A A V F Z L G A R A E
A P H N Ğ Ş E N Ü G L Q Z H L
N S S M O K L F B K U U U Ş E
L Y I U D U Q A U N E P J İ R
A R K P H F V D R S E B K C H
R N L O R Y A N T A S Y O N T
G K I L R I Z A H S S B N O O
B V M G O S F V V D U M F D E
D B I I B K B L R D O G Q G B
```

SU
HAYVANLAR
IKLIM
HARİTA
HAVA
DAĞ
DOĞA
ORYANTASYON
PARKLAR

TEHLİKELER
AĞIR
TAŞLAR
HAZIRLIK
UÇURUM
VAHŞİ
GÜNEŞ
YORGUN
TOPLANTI

# 63 - Professioni #1

```
D E N T G P G S F U T C A H T
E E K S P O T K J C B J V A E
K C N E Y S İ Z Ü M E E U R S
B R Z İ M L I O Q U M O K I I
S Ü D A Z Q K P P Y O L A T S
A F Y J C C E R C U N O T A A
N E O Ü F I İ Ç O K O G S C T
A B E G K H E M Ş I R E N İ Ç
T Y D F V E Y A R Ö T İ D E I
Ç J N Z G O L O K İ S P H A C
I Q J D P Y I Ç S N A D S R A
P İ Y A N İ S T İ A V C I C K
F L M N K M S Z P H U I M S N
A P T V R O K S Z J E V N F A
V E T E R İ N E R U R D A E B
```

KOÇ
BÜYÜKELÇİ
SANATÇI
ASTRONOM
AVUKAT
DANSÇI
BANKACI
AVCI
HARITACI
EDİTÖR

ECZACI
JEOLOG
KUYUMCU
TESISATÇI
HEMŞIRE
DENİZCİ
MÜZISYEN
PİYANİST
PSİKOLOG
VETERİNER

# 64 - Antartide

```
Z  M  H  K  D  B  S  M  V  S  M  B  B  M  Y
O  G  P  A  I  U  T  N  I  E  F  I  A  İ  I
H  E  Ç  B  H  L  B  M  G  F  E  L  L  N  M
B  G  E  G  D  U  K  S  S  E  K  I  I  E  V
U  C  V  Q  Y  T  P  A  I  R  M  M  N  R  U
Z  H  R  Q  H  L  M  M  C  Z  M  S  A  A  C
U  K  E  Q  Z  A  Y  U  A  I  M  E  L  L  K
L  G  Q  P  J  R  T  R  M  U  S  L  A  L  A
L  D  Ö  O  E  A  P  O  R  S  F  K  R  E  Y
A  Y  B  Ç  M  Z  Y  K  I  N  P  B  O  R  A
R  A  D  A  L  A  R  R  T  A  N  B  A  Y  L
Y  S  O  R  S  U  E  J  Ş  K  I  T  A  A  I
E  T  S  C  B  E  A  D  A  M  I  R  A  Y  K
U  Y  C  I  U  A  U  L  R  O  J  G  Y  A  J
H  D  B  C  Z  A  Y  F  A  R  Ğ  O  C  Z  Q
```

SU
ÇEVRE
KOY
BALINALAR
KORUMA
KITA
COĞRAFYA
BUZULLAR
BUZ
ADALAR

GÖÇ
MİNERALLER
BULUTLAR
YARIMADA
ARAŞTIRMACI
KAYALIK
BİLİMSEL
SEFER
SICAKLIK

# 65 - Libri

```
Y D E S T A N F T L J C R S D
A Y M O M P O A P A S V I A M
Z A R K İ K Y İ I Z R R C Y A
A R B U Z S I L L R M İ E F C
R A A Y A N S Ö U G A D H A E
Y T Ğ U H R K Y H O İ L R G R
A I L C İ D E K B J D L O B A
Z C A U L S L Ü I F I Q İ P H
I I M L B F O R O M A N F Q İ
L H U R P C K S I U D I Z I K
I A N L A T I C I I L E U G İ
T R A J İ K P O Z H Ş D H Z L
D O Y C E G T F N B L E R P İ
A Z G Z L O E V P E E B J T K
C L Y V H M B Z Q G D Î K F Z
```

| | |
|---|---|
| YAZAR | SAYFA |
| MACERA | ŞIIR |
| KOLEKSIYON | İLGİLİ |
| BAĞLAM | ROMAN |
| İKİLİK | YAZILI |
| DESTAN | DIZI |
| YARATICI | ÖYKÜ |
| EDEBÎ | TARİH |
| OKUYUCU | TRAJİK |
| ANLATICI | MİZAHİ |

# 66 - Geografia

```
M  J  P  G  E  R  Ü  K  M  I  R  A  Y  L  T
A  E  V  P  N  K  O  L  O  O  Q  H  T  D  M
L  J  R  B  F  S  I  O  K  F  R  E  D  E  U
Y  S  O  İ  J  V  T  H  E  A  F  N  N  J
O  U  E  D  D  F  Y  L  A  Q  D  R  Y  I  T
B  N  H  R  V  Y  E  N  Ü  G  A  M  S  Z  Z
R  A  K  I  M  L  E  D  Ü  N  Y  A  T  H  Q
U  Y  F  H  T  F  G  N  B  A  T  I  D  T  D
S  K  C  E  N  E  L  T  Y  E  N  L  E  M  A
G  O  Z  N  M  K  Ö  B  I  R  E  H  O  K  Ğ
K  U  Z  E  Y  Z  B  Q  S  U  K  A  O  K  P
S  C  N  K  R  A  T  L  A  S  C  R  T  I  F
R  Q  H  J  H  D  E  M  F  F  P  İ  A  P  Y
G  U  K  G  Z  Z  H  T  Z  A  T  T  N  O  C
A  G  V  C  I  P  V  I  O  H  S  A  Y  F  V
```

| | |
|---|---|
| RAKIM | DENIZ |
| ATLAS | MERİDYEN |
| KENT | DÜNYA |
| KITA | DAĞ |
| YARIMKÜRE | KUZEY |
| NEHIR | OKYANUS |
| ADA | BATI |
| ENLEM | ÜLKE |
| BOYLAM | GÜNEY |
| HARİTA | BÖLGE |

# 67 - Cibo #1

```
V  S  S  L  M  Q  K  N  B  L  K  H  O  S  O
V  A  F  U  Y  U  S  E  V  Y  E  M  B  A  R
U  Y  K  Z  J  T  H  Ğ  K  I  L  A  B  L  I
G  E  I  R  V  K  R  E  Z  R  İ  G  D  A  F
R  R  Q  L  P  A  A  L  G  M  Ç  L  V  T  T
U  B  H  L  F  N  P  S  Y  S  D  A  P  A  J
B  P  A  I  H  A  R  E  M  B  K  Ş  R  E  Ş
S  Y  F  P  O  P  A  F  E  I  N  V  R  E  E
K  E  O  F  A  S  K  K  E  E  R  H  U  C  K
K  F  G  B  N  I  Q  B  N  T  T  A  S  S  E
T  A  R  Ç  I  N  F  M  A  Ü  U  V  S  O  R
U  G  E  D  A  O  F  C  N  S  Z  U  Z  Ğ  P
M  T  Y  R  V  M  J  Y  M  C  G  Ç  N  A  A
R  B  U  R  S  İ  I  T  D  N  P  F  O  N  O
A  T  S  E  P  L  Z  O  I  A  M  E  C  T  R
```

| | |
|---|---|
| SARIMSAK | NANE |
| FESLEĞEN | ARPA |
| TARÇIN | ARMUT |
| ET | ŞALGAM |
| HAVUÇ | TUZ |
| SOĞAN | ISPANAK |
| ÇİLEK | MEYVE SUYU |
| SALATA | BALIK |
| SÜT | KEK |
| LİMON | ŞEKER |

# 68 - Etica

```
D Ü R Ü S T L Ü K D Y M T D G
İ Ş B İ R L İ Ğ İ Q P E O İ E
I Y I M S E R L I K S R L P R
M L H K O O L C T J A H E L Ç
J A T İ R M D İ J D B A R O E
H F E L U B U D N J I M A M K
E M Y İ U G J L S S R E N A Ç
M U I C C E G D Z I A T S T İ
R A S Y O N A L I T E N B İ L
U D Y E E F E S L E F G L K İ
U P A R M Z M I I K G Z Q I K
H I H İ R I U B G A B N Q B K
Z I I B H Y I K Y Z I N O T M
B I L G E L I K A E A A C Z U
B Ü T Ü N L Ü K S N M A K U L
```

| | |
|---|---|
| MERHAMET | IYIMSERLIK |
| İŞBİRLİĞİ | SABIR |
| HAYSIYET | MAKUL |
| DİPLOMATİK | RASYONALITE |
| FELSEFE | GERÇEKÇİLİK |
| NEZAKET | SAYGILI |
| BİREYCİLİK | BILGELIK |
| BÜTÜNLÜK | TOLERANS |
| DÜRÜSTLÜK | İNSANLIK |

# 69 - Aeroplani

```
L K T B C I L N E J O R D İ H
U A Y O L C U Ö I U C A A A Y
Y T Z L Y D T Y N R E K A K Ü
P A T G Z E K P I J M I K C K
M H P K Ö Q K I Ş Z J M J C S
O Ü K I R K R L B L Y P S G E
H I R A T U Y M I R A S A T K
I Q N E A F L Ü G R K R N T L
L H M N T P A G Z R I H O E I
P İ L O T T L R S Ü T A G U K
S I I L Q K E M R İ Ş İ Ş I Y
R E C A V A H B M O T O R O Q
M V J B D B S B A R E C A M B
A T M O S F E R U T E E B I Z
T Ü R B Ü L A N S I P D V B K
```

| | |
|---|---|
| YÜKSEKLIK | INIŞ |
| RAKIM | MÜRETTEBAT |
| HAVA | ŞİŞİRMEK |
| ATMOSFER | HİDROJEN |
| MACERA | MOTOR |
| YAKIT | BALON |
| GÖKYÜZÜ | YOLCU |
| YAPI | PİLOT |
| TASARIM | TARIH |
| YÖN | TÜRBÜLANS |

# 70 - Governo

```
A  M  G  L  T  G  V  D  H  K  J  P  C  B  R
N  D  L  Q  G  E  A  M  Ş  U  N  O  K  I  D
F  I  A  B  İ  Y  T  S  B  D  B  B  K  O  T
K  S  S  L  L  V  A  İ  I  E  G  Ö  I  S  D
D  J  U  I  E  G  N  Y  S  M  L  U  L  H  T
V  R  L  U  L  T  D  A  E  O  İ  Q  Z  G  U
D  Q  U  L  D  I  A  S  M  K  D  D  I  B  E
V  E  H  U  J  N  Ş  E  B  R  E  U  S  P  Ö
E  D  V  S  Y  A  L  T  O  A  R  Z  M  I  Z
A  A  B  L  I  V  I  S  L  S  C  O  I  Q  G
D  D  T  L  E  R  K  P  Q  İ  I  V  Ğ  Z  Ü
L  N  K  I  L  T  I  Ş  E  N  U  N  A  K  R
İ  L  G  T  I  Q  V  D  F  J  Q  Z  B  J  L
A  N  A  Y  A  S  A  M  Ş  I  T  R  A  T  Ü
U  M  Y  R  Y  A  K  H  D  S  C  L  N  I  K
```

LİDER
VATANDAŞLIK
SIVIL
ANAYASA
DEMOKRASİ
KONUŞMA
TARTIŞMA
ADLİ
ADALET
BAĞIMSIZLIK

KANUN
ÖZGÜRLÜK
ANIT
ULUSAL
ULUS
SİYASET
BÖLGE
SEMBOL
DEVLET
EŞİTLİK

# 71 - Politica

```
R C P S B T K I L T I Ş E V P
Q L S O M E U O G H I J C H O
A Y N A P M A K M I Ç E S T L
Q I Z P U Ü R İ K İ U I Ö M İ
E K G E K K L J B E T Y Z R T
B Z I A O Ü G E Z Y S E G A İ
V T Q G J H Ö T R U İ S Ü D K
U L U S A L R A E L V N R A A
Z Z G P K N Ü R F D İ O L Y C
F U R P I V Ş T A G T K Ü B I
H Y P Y T L E S Z F K İ K V R
D M Z L I J J R A J A T B P K
C O B S L M A J G O K E S H E
B H L J O B A Z O İ E H B V I
A R Y L P D Z V T M V J E Q K
```

| | |
|---|---|
| AKTİVİST | GÖRÜŞ |
| KAMPANYA | POLITIKA |
| ADAY | POLİTİKACI |
| KOMİTE | POPÜLERLİK |
| KONSEY | SEÇIM |
| ETİK | STRATEJİ |
| HÜKÜMET | VERGİ |
| ÖZGÜRLÜK | EŞITLIK |
| ULUSAL | ZAFER |

# 72 - Bellezza

```
R N T M V Z K Ş H G Y J A D F
Q U F T A L V J A Y K A M D G
N M J Z L K İ T E M Z O K F V
Z J L Y O G Q T Q U P J Y Y R
C A Z I B E S O T I H U I Z K
V N F R H Y A Ğ L A R J A S G
Z Y V A G S K U I K G Z J N Z
I A R A K S A M C S O Z G F R
K V R F V P M F D M O H Q A B
C R Y A Q F K T Y Z A R I F P
P R D U F U T Ü L H T M E M P
Q Q O K N E R F D C Z E R D V
A Y G O F R T S İ L İ T S Ü K
M K O K İ N E J O T O F A Z F
H K F U Z R I B T N Q N D H K
```

| | |
|---|---|
| RENK | DÜZ |
| KOZMETİK | MASKARA |
| ZARIF | YAĞLAR |
| ZARAFET | CILT |
| CAZIBE | RUJ |
| MAKAS | ŞAMPUAN |
| FOTOJENİK | AYNA |
| KOKU | STİLİST |
| LÜTUF | MAKYAJ |

# 73 - Avventura

```
M F Y G Z S B C K F S S Q N G
F D J Ü O Z E D O Ğ A A D Z H
Q N P Z R H O V C N B J J Z G
K H G E L S E R İ J V J P N I
H Z T R U G F D L N M R V D L
E N V G K I S A E U Ç J K Z E
V R J A L A G Q F F K T K J K
E L Y H A O L A Ğ A N D I Ş I
S N A Ş R E F E S P D D L G L
A R K A D A Ş L A R S Q R C H
G Ü Z E L L I K T A S R I F E
K Q I K I A N R P K L F Z P T
D K C Z I Z E G L D E G A R N
A A Q S J T Y I Q B C I H I J
E M N İ Y E T E R A S E C J N
```

| | |
|---|---|
| ARKADAŞLAR | GÜZERGAH |
| GÜZELLIK | DOĞA |
| ŞANS | SEFER |
| CESARET | YENI |
| HEDEF | FIRSAT |
| ZORLUK | TEHLIKELI |
| HEVES | HAZIRLIK |
| GEZI | ZORLUKLAR |
| SEVİNÇ | EMNIYET |
| OLAĞAN DIŞI | |

# 74 - Forme

```
D P A G K Q N Q Q O N M S T H
A K R E C A M D L G B E İ Z İ
I B K B D M R N A Y Q Q R H P
R M S Q R Z N E G Ç Ü R A Y E
E C Q A K İ K G D I O H U Z R
Q U U J E R Ü T İ M A R İ P B
V K R C N P P R G K O H R A O
L M H P L Z H Ö A C N C E N L
Ç J Y G L E H D B L A V O F P
O A B T Y I O K J N R H S Y K
K S U D T R A I R S V A J J Ü
G D P R J I İ D N I L B N N R
E Z S İ L İ N D İ R G V B E E
N H N U L O O Q G Ğ M C Y H K
N Z C N E E K Ö Ş E D N C S N
```

| | |
|---|---|
| KÖŞE | YAN |
| ARK | SIRA |
| KENARLAR | OVAL |
| DAIRE | PİRAMİT |
| SİLİNDİR | ÇOKGEN |
| KONİ | PRİZMA |
| KÜP | KARE |
| EĞRI | DIKDÖRTGEN |
| ELİPS | KÜRE |
| HİPERBOL | ÜÇGEN |

# 75 - Oceano

```
Y  S  D  K  Ö  P  E  K  B  A  L  I  Ğ  I  T
E  Ü  E  Z  P  T  O  B  M  R  Z  R  R  Z  B
N  N  N  U  S  O  Y  C  I  V  N  J  E  R  Z
G  G  İ  T  U  P  O  I  P  H  G  C  N  O  V
E  E  Z  P  N  A  C  R  E  M  A  H  Y  Q  M
Ç  R  A  O  Z  T  Ğ  D  A  L  G  A  L  A  R
I  A  N  Y  L  H  B  A  F  O  G  L  V  J  K
K  C  A  Q  I  A  R  A  B  G  I  U  G  R  R
S  S  S  N  Q  M  M  V  L  M  E  Z  Z  N  E
I  K  I  L  A  B  J  F  K  I  U  L  I  R  S
İ  S  T  İ  R  İ  D  Y  E  D  N  L  G  E  İ
Y  I  L  A  N  B  A  L  I  Ğ  I  A  P  İ  F
Y  U  N  U  S  K  A  R  İ  D  E  S  Z  A  T
Q  S  P  C  Z  F  I  R  T  I  N  A  R  B  K
R  P  R  Y  H  P  Y  M  L  M  I  S  P  B  D
```

| | |
|---|---|
| YOSUN | DALGALAR |
| YILAN BALIĞI | İSTİRİDYE |
| BALINA | BALIK |
| BOT | AHTAPOT |
| MERCAN | TUZ |
| YUNUS | RESİF |
| KARİDES | SÜNGER |
| YENGEÇ | KÖPEKBALIĞI |
| GELGİT | KAPLUMBAĞA |
| DENİZANASI | FIRTINA |

# 76 - Famiglia

```
T A P Ç P E N N A K Ü Y Ü B J
U M V M O N E Ğ E Y K E K R E
E C K Q S C Z H D P P A E Y K
B A F J A K U C R C U İ C E I
T Ü L C T E K K A T O K V B Z
E S Y Q A M G F L V L İ H O K
N Z U Ü V Y L J K U V Z U G A
K Q Y D K I E L U K K L C R R
T O G G U B B Q C T J E K J D
E N C A C B A A O T M R J D E
Y J V A Y M J B Ç Ç O C U K Ş
Z Q P B Z Z A S A B A B A K R
E H R T Z H N K I Z E V L A T
H P H K R R N Q U U T R Y R R
M Q T I T Ş E N I D A K U J H
```

| | |
|---|---|
| ATA | KADIN EŞ |
| ÇOCUKLAR | ERKEK YEĞEN |
| ÇOCUK | BÜYÜKANNE |
| KUZEN | BÜYÜK BABA |
| KIZ EVLAT | BABA |
| İKİZLER | KIZ KARDEŞ |
| ÇOCUKLUK | TEYZE |
| ANNE | AMCA |
| KOCA | |

# 77 - Veicoli

```
T E T O T O B Ü S P K U Z P S
A T R V T H E L İ K O P T E R
B Q E J A J Q A Q A A T O M N
A I N Y K C B S B M Q Ç B E U
R T S L S O D U P B L B U T R
A L O I İ Y S P U U A R F R R
A A K H K K F N F L S T Y O T
Y Z E N S L T P E A T R P O I
S İ T L F R E V R N İ A E A F
H N A V R E K T İ S K K L K U
B E O P B Y O K B P L T U A F
L D E M V B R M O L E Ö F M M
V T R O H J I G T A R R Q Y Z
A G U P K Q O D O J Z K M O Q
N J C Z J P U Z M O T O R N J
```

| | |
|---|---|
| UÇAK | METRO |
| AMBULANS | MOTOR |
| ARABA | LASTİKLER |
| OTOBÜS | ROKET |
| BOT | DENİZALTI |
| BISIKLET | TAKSİ |
| KAMYON | FERİBOT |
| KERVAN | TRAKTÖR |
| HELİKOPTER | TREN |
| VAN | SAL |

# 78 - Emozioni

```
C S H E Y E C A N L I D K B L
H T E Y İ S A S S A H D O N B
B T A M A L T A H A R T R S R
L A F Q P S Ü R P R İ Z K Ü Z
V H R N O A Ö R D D Y M U Z A
N A A I J B T F U C T U P Ü J
E R T T Ş M L İ K Ş A T C N P
E F T N Ç Ç N İ V E S L M T Q
T M E I H U Z U R V I U L Ü D
L K N K N E Z A K E T L G J T
H U N I O N L V B V Z U O L F
N E I S M Y E B J O G K V B R
K Z M S A K I N U N M E M Z L
A E U E S F L D F Y C K M I R
Y O N H R M E Y L Q P M B V M
```

| | |
|---|---|
| AŞK | ÖFKE |
| MUTLULUK | RAHAT |
| SAKIN | RAHATLAMA |
| HEYECANLI | SEMPATİ |
| NEZAKET | MEMNUN |
| SEVİNÇ | SÜRPRİZ |
| MINNETTAR | HASSASİYET |
| SIKINTI | HUZUR |
| BARIŞ | ÜZÜNTÜ |
| KORKU | |

# 79 - Natura

```
U V L D Y C Y B J C F K Y B H
M Z A A R K T I K N V C E U V
H V K H G Ü Z E L L I K Ş L C
B R İ R Ş U K T R Ç N R İ U G
S T P F G İ İ I Z D Ö A L T N
Q B O J N V M P L V O L L L R
Z H R A L N A V Y A H R İ A I
M G T I U N N S L B İ A K R Y
V O U G H V İ E B A T A R H P
F I A J H E D R U R A L Ğ A D
F B F H O Y N O Z I Y G M A U
B U Y V M V İ Z U N A M R O L
P S E Y S G K Y L A H A Y T Z
C G Z C Z C A O G K S İ S N Y
G H H V R G S N I Q S N H P L
```

HAYVANLAR
ARLAR
ARKTIK
GÜZELLIK
ÇÖL
DİNAMİK
EROZYON
NEHIR
YEŞİLLİK
ORMAN

BUZUL
DAĞLAR
SİS
BULUTLAR
BARINAK
VAHŞİ
SAKİN
TROPİKAL
HAYATİ

# 80 - Balletto

```
Z  P  K  S  D  Q  A  V  O  R  P  A  D  Z  B
S  C  A  F  O  Z  N  Z  T  L  J  G  U  M  K
O  G  S  L  C  P  L  L  Z  J  O  D  D  D  J
J  N  L  F  E  R  A  U  N  N  F  S  L  J  B
M  G  A  Y  H  Q  M  O  R  K  E  S  T  R  A
İ  Ü  R  Y  B  Z  L  F  İ  S  E  S  Z  C  U
T  B  Z  Ş  B  O  I  J  E  S  T  G  R  K  F
İ  E  P  İ  Z  K  O  R  E  O  G  R  A  F  İ
R  C  H  K  K  Z  A  R  İ  F  B  B  L  S  N
K  E  J  L  B  İ  E  M  F  T  A  E  I  E  P
V  R  J  A  J  G  N  J  C  A  L  S  Ç  Y  Z
O  I  Q  U  U  S  B  K  M  R  E  T  S  I  N
Y  O  Ğ  U  N  L  U  K  E  Z  R  E  N  R  Y
S  A  N  A  T  S  A  L  O  T  İ  C  A  C  Q
G  C  G  N  T  Y  A  I  P  J  N  I  D  I  R
```

| | |
|---|---|
| BECERI | ZARİF |
| ALKIŞ | YOĞUNLUK |
| SANATSAL | KASLAR |
| SOLO | MÜZIK |
| BALERİN | ORKESTRA |
| DANSÇILAR | PROVA |
| BESTECI | SEYIRCI |
| KOREOGRAFI | RİTİM |
| ANLAMLI | TARZ |
| JEST | TEKNİK |

# 81 - Paesi #1

```
İ  B  K  F  I  O  K  V  B  D  G  J  D  N  M
C  S  A  F  I  Z  Z  L  G  U  Z  C  T  B  E
Z  P  R  I  U  B  K  J  O  Y  B  P  A  G  M
J  A  I  A  M  Q  S  A  Y  N  A  M  O  R  I
P  N  B  Y  İ  F  K  L  M  K  K  L  O  H  S
M  A  R  N  S  L  I  E  M  B  V  R  I  A  I
A  M  E  A  F  E  C  U  A  H  O  A  L  E  R
L  A  Z  P  B  G  N  Z  L  Q  Q  Ç  Y  E  G
M  D  I  S  J  C  U  E  İ  J  O  P  Y  L  N
A  A  L  İ  B  R  A  N  G  H  A  O  L  A  O
N  N  Y  U  M  Z  L  E  J  A  C  L  P  Y  R
Y  A  A  U  D  L  M  V  E  G  L  O  C  B  V
A  K  H  I  N  D  I  S  T  A  N  N  F  İ  E
F  İ  N  L  A  N  D  İ  Y  A  C  Y  R  L  Ç
V  İ  E  T  N  A  M  Z  K  C  G  A  I  U  Q
```

BREZILYA
KAMBOÇYA
KANADA
MISIR
FİNLANDİYA
ALMANYA
HINDISTAN
IRAK
İSRAİL
LIBYA

MALİ
FAS
NORVEÇ
PANAMA
POLONYA
ROMANYA
SENEGAL
İSPANYA
VENEZUELA
VİETNAM

# 82 - Geometria

```
A L V N O N I Q B E R I A D J
V C F Y A R U U M Ğ Y G B H T
P Z M J M C A M Q R L A K Y Y
J D Z Y A D P N A I F L I Ç A
F Y L Q L U J L B R D K L A P
T C G C P A Ç O O L A B K F D
S Ü L T A J M O Y Y Ü Z E Y M
M Ç Q A S E Q L U R H R S I B
P G V T E O R İ T U Ş O K P Ö
L E M G H L H R M M D A Ü C L
E N A Y D E M T F J A L Y Y Ü
T S M E L K N E D E D N A C M
K H P K B K Z M Y I R V T S A
M N D I K V B İ O M A T A I E
N C E D M D E S Y R E T Y D K
```

| | |
|---|---|
| YÜKSEKLIK | NUMARA |
| AÇI | YATAY |
| HESAPLAMA | KOŞUT |
| DAIRE | ORAN |
| EĞRI | BÖLÜM |
| ÇAP | SİMETRI |
| BOYUT | YÜZEY |
| DENKLEM | TEORI |
| MANTIK | ÜÇGEN |
| MEDYAN | DIKEY |

# 83 - Edifici

```
K Ü N I V E R S I T E L T H S
U U P M K N Y N D G V J J Y Ü
L O K L A İ N H N G T R R G P
E F D L A B O R A T U V A R E
Z N C I U A F G J U J N K I R
L M R A P K H Y Y F S A I D M
Z U R G V P O G N B A M R A A
E Y P A N S İ Y O N I T B Ç R
P D Z Y M F M B O T T R A D K
O A T K S Q Ü V R I H A F A E
I T N N H I Z C T I A P K N T
I S E L A K E N A H T A S A R
U K İ L İ Ç L E Y V G E P Z C
H A S T A N E K İ S İ N E M A
O I K C L V E M T Y P F A J A
```

| | |
|---|---|
| ELÇİLİK | HASTANE |
| APARTMAN | RASATHANE |
| KABİN | PANSİYON |
| KALE | OKUL |
| SİNEMA | STADYUM |
| FABRIKA | SÜPERMARKET |
| AHIR | TİYATRO |
| OTEL | ÇADIR |
| LABORATUVAR | KULE |
| MÜZE | ÜNİVERSİTE |

# 84 - Malattia

```
S  Z  D  M  U  N  U  L  O  S  K  V  A  B  O
B  A  N  Ö  R  O  P  A  T  İ  R  J  C  A  Y
İ  U  Ğ  T  Q  N  L  S  F  G  O  H  Q  K  Q
B  L  L  L  D  T  A  T  O  E  N  J  V  T  R
Z  B  T  A  I  V  K  I  L  N  İ  C  U  E  E
A  P  U  İ  Ş  K  U  L  O  E  K  H  A  R  M
Y  P  K  L  H  I  Y  A  M  T  I  K  L  İ  S
I  K  A  O  P  A  C  K  B  İ  L  E  E  Y  E
F  Q  H  G  L  G  P  I  E  K  K  M  R  E  N
İ  P  Z  I  T  B  J  O  R  U  I  İ  J  L  D
P  A  T  O  J  E  N  L  E  R  Ş  K  İ  E  R
A  T  U  U  C  L  N  J  Q  P  I  L  L  J  O
R  H  C  D  O  R  C  E  Y  N  Ğ  E  E  J  M
E  S  Ü  Y  D  R  H  N  P  V  A  R  R  H  D
T  O  V  T  P  I  Q  B  T  B  B  U  F  I  U
```

| | |
|---|---|
| AKUT | BAĞIŞIKLIK |
| ALERJİLER | İLTİHAP |
| BAKTERİYEL | LOMBER |
| BULAŞICI | NÖROPATİ |
| VÜCUT | KEMİKLER |
| KRONİK | PATOJENLER |
| KALP | SOLUNUM |
| ZAYIF | SAĞLIK |
| KALITSAL | SENDROM |
| GENETİK | TERAPİ |

# 85 - Paesi #2

```
L H G J P D U U T I H R U N Z
Y M C G C A K K U L M U G İ B
P K G H S K K Q R I H S A J O
H T T Q U R U I I A B Y N E K
H J H A R A L E S İ Y A D R O
V Y G Y İ M T U O T K N A Y M
J L I Z Y İ U İ A İ A P A A Z
T A N E E N V R L A M N P Y L
R P P N F A A L V H S U D A N
Q E G O J D N A L İ B E R Y A
L N G D N O R N M E K S İ K A
H S I N M Y A D J A M A İ K A
F A V E J Y A A I R Q E E U H
Y U N A N İ S T A N A L F I O
E T İ Y O P Y A G U Y K O J C
```

| | |
|---|---|
| ARNAVUTLUK | LİBERYA |
| DANİMARKA | MEKSİKA |
| ETİYOPYA | NEPAL |
| JAMAİKA | NİJERYA |
| JAPONYA | PAKISTAN |
| YUNANISTAN | RUSYA |
| HAİTİ | SURİYE |
| ENDONEZYA | SUDAN |
| İRLANDA | UKRAYNA |
| LAOS | UGANDA |

# 86 - Tipi di Capelli

```
P  I  Z  Z  K  M  A  N  V  G  H  N  B  G  H
K  A  H  V  E  R  E  N  G  I  J  O  H  G  J
A  S  I  G  C  M  K  I  C  R  I  V  I  K  K
Ş  Y  A  P  N  B  Z  Ş  D  J  C  T  I  H  A
U  Y  O  Ğ  I  Z  P  I  Ü  B  E  Y  A  Z  L
M  R  Z  N  L  J  T  R  Z  S  I  Y  A  H  I
U  R  U  K  F  I  L  A  G  L  A  D  J  P  N
Y  I  N  S  H  L  K  S  D  N  N  G  K  Z  U
K  S  S  D  I  Ş  L  L  R  K  U  A  P  Q  Z
T  E  J  A  N  Ü  B  F  I  P  Q  F  F  J  U
J  H  L  F  M  M  V  L  P  R  E  N  K  L  İ
O  V  F  P  C  Ü  L  Ü  G  R  Ö  D  J  Z  P
Q  K  I  S  A  G  B  K  T  J  A  I  Y  R  H
K  J  O  E  J  P  R  K  R  R  F  C  P  M  I
Ö  R  G  Ü  N  S  V  İ  E  Z  V  L  L  H  B
```

| | |
|---|---|
| GÜMÜŞ | UZUN |
| KURU | KAHVERENGI |
| BEYAZ | YUMUŞAK |
| SARIŞIN | SIYAH |
| KISA | DALGALI |
| KEL | KIVIRCIK |
| RENKLİ | SAĞLIKLI |
| GRİ | INCE |
| ÖRGÜLÜ | KALIN |
| DÜZ | ÖRGÜ |

# 87 - Vestiti

```
P  İ  J  A  M  A  E  B  K  C  N  K  I  O  T
A  Y  A  K  K  A  B  I  O  I  O  B  H  V  S
Y  H  D  J  K  Y  J  Ç  T  E  K  E  C  T  Z
A  A  O  D  H  K  Z  N  O  L  O  T  N  A  P
S  B  M  U  A  C  R  D  Q  R  E  M  E  K  L
Y  A  F  O  H  J  K  E  T  E  A  O  S  N  I
S  A  N  G  V  E  A  Z  U  L  B  P  I  Q  G
K  K  R  D  B  R  Z  Y  S  N  D  H  B  G  Ö
Y  O  B  F  A  B  A  J  O  E  F  Y  L  Ö  M
I  S  L  Z  R  L  K  T  R  V  B  Q  E  N  L
N  N  N  Y  U  L  E  Z  G  I  U  B  I  L  E
I  E  A  E  E  O  J  T  B  D  J  S  E  Ü  K
B  I  L  E  Z  I  K  T  K  L  L  J  D  K  H
Y  F  Ş  A  P  K  A  Y  B  E  E  Ş  A  R  P
Q  A  A  R  Z  G  K  A  R  N  O  V  Q  Y  K
```

| | |
|---|---|
| ELBISE | ÖNLÜK |
| BILEZIK | ELDIVENLER |
| ÇORAP | KOT |
| BLUZ | KAZAK |
| GÖMLEK | MODA |
| ŞAPKA | PANTOLON |
| KEMER | PİJAMA |
| KOLYE | SANDALET |
| CEKET | AYAKKABI |
| ETEK | EŞARP |

# 88 - Attività e Tempo Libero

```
V P T A N A S I B I G C O S B
E O E E I C I T A L T A H A R
D N L I N V T S S K O B T C K
T A Y E M İ N Z K Y Ü Z M E I
G G L K Y M S E E F U T B O L
B K H I I B Q J T K O H Z G N
B K J L Ş A O F B D K B U H A
S D T I U P F L O G V Y T R V
H U O Ç B T R E L İ B O H Y I
Z I E K L D Ö B E Y Z B O L Ç
D R D I E E S Y Ü R Ü Y Ü Ş H
K S M L I S F Y B L E B I G A
U F H A B O Y A M A D Y V E B
G L Z B U Q G Z T E M Q Q G L
S E Y A H A T E T M E K M C T
```

| | |
|---|---|
| SANAT | DALIŞ |
| BEYZBOL | YÜZME |
| BASKETBOL | VOLEYBOL |
| BOKS | BALIKÇILIK |
| FUTBOL | BOYAMA |
| YÜRÜYÜŞ | RAHATLATICI |
| BAHÇIVANLIK | SÖRF |
| GOLF | TENİS |
| HOBİLER | SEYAHAT ETMEK |

# 89 - Meteo

```
Z  I  Z  M  I  R  I  D  L  I  Y  A  A  A  R
B  H  A  G  V  Ü  Z  Ü  Y  K  Ö  G  T  D  Ü
G  Ö  K  K  U  Ş  A  Ğ  I  L  S  R  M  K  Z
Q  S  F  N  C  G  N  S  F  I  İ  I  O  U  G
M  U  S  O  N  Ö  I  K  I  M  S  S  S  T  Â
Q  L  Q  G  N  K  T  I  C  P  A  F  U  R
N  T  J  T  I  G  R  L  P  R  A  K  E  P  G
B  U  K  E  E  Ü  I  K  F  K  U  K  R  J  R
U  Y  L  N  A  R  F  A  A  Y  J  Z  L  A  R
L  B  C  M  E  Ü  P  R  P  O  D  B  I  I  V
U  C  K  N  T  L  C  U  A  L  N  F  U  V  K
T  U  L  U  B  T  Q  K  İ  P  O  R  T  Z  R
L  Z  N  U  Q  Ü  B  Z  N  Q  L  M  J  H  K
U  I  T  N  I  S  E  D  O  L  C  J  B  Y  N
C  I  M  K  Y  Ü  P  Q  F  L  K  G  R  V  G
```

| | |
|---|---|
| GÖKKUŞAĞI | BULUT |
| KURU | BULUTLU |
| ATMOSFER | KUTUP |
| ESINTI | KURAKLIK |
| GÖKYÜZÜ | SICAKLIK |
| IKLIM | FIRTINA |
| YILDIRIM | KASIRGA |
| BUZ | TROPİK |
| MUSON | GÖK GÜRÜLTÜSÜ |
| SIS | RÜZGÂR |

# 90 - Corpo Umano

```
I  T  B  B  A  Ç  Y  Ü  Z  U  M  O  C  B  L
S  E  C  E  Z  N  E  K  F  B  G  Y  I  U  P
Y  I  Y  F  Y  J  Z  N  P  O  A  B  L  R  A
D  P  L  C  J  I  G  C  E  Y  Y  G  T  U  R
Q  R  C  O  A  Q  N  E  P  U  A  V  Ö  N  M
P  E  F  B  Y  L  I  C  B  N  K  O  Z  Z  A
J  K  E  S  R  I  D  R  E  N  B  M  O  A  K
I  A  Ğ  I  Z  M  I  D  E  P  I  D  U  R  Y
A  C  D  G  A  P  E  G  S  T  L  E  S  V  B
C  A  I  K  H  P  A  O  H  M  E  Y  A  F  B
M  B  Z  S  R  S  Ş  J  B  Q  Ğ  O  B  C  K
D  D  R  N  S  K  A  L  U  K  I  I  U  P  A
H  I  P  O  U  A  B  E  J  C  I  O  F  L  L
K  P  E  S  F  N  J  C  D  R  D  S  D  Q  P
Q  D  E  Z  B  Y  V  B  K  Y  M  Y  I  O  M
```

| | |
|---|---|
| AĞIZ | EL |
| AYAK BILEĞI | ÇENE |
| BEYIN | BURUN |
| BOYUN | GÖZ |
| KALP | KULAK |
| PARMAK | CILT |
| YÜZ | KAN |
| BACAK | OMUZ |
| DIZ | MIDE |
| DIRSEK | BAŞ |

# 91 - Mammiferi

```
B A U P S N G Z B L O I L V S
T F B M J D L O E U F B P U E
T D Z B P M B O R B J N M H S
M N E O Y U N S İ R K S A L
Y O Y Ğ İ J A K G V L A R R V
H L N A K B Ş V Y K I R S J D
Ç A K A L N V O B Z G H K Y I
A Y I L İ B A C S B F B F S T
F I L E T M T R U K C U C Y K
A C N K A S L A N T T L Q O E
R B U R U G N A K F M O R M D
Ü A Y M A Y M U N I R Y K B İ
Z P O B A L I N A J Y O M I D
L C K Ö P E K A P C P E O Q F
D V U Q E V L G M D S V G E I
```

| | |
|---|---|
| BALINA | ZÜRAFA |
| KÖPEK | GORİL |
| KANGURU | ASLAN |
| AT | KURT |
| GEYIK | AYI |
| TAVŞAN | KOYUN |
| ÇAKAL | MAYMUN |
| YUNUS | BOĞA |
| FIL | TİLKİ |
| KEDİ | ZEBRA |

# 92 - Cucina

```
A T G B D I F C O Q F F S L K
E I B V O N T H Y L I K Ü T S
Ç B I Ç A K Ü L N Ö R P R S E
K A D R A B E N I K I Ş A K U
Y L T S Ü N G E R F N T H L L
Z O N A V A K U K R A J I A Z
I D Y S L A U G G Y Z F C T K
G Z G B K L F M I M A M I I M
S U G T E P A K D K K O Q S U
C B Y A O H H R A Y B L Z R O
D O N G R B R O Y L F V E S N
T A R A H A B O Q E T E Ç E P
A D O N D U R U C U M M P F N
S F M V F H S T I J S E E K G
U C C M I F L C S D O A K L D
```

| | |
|---|---|
| KAZAN | ÖNLÜK |
| SÜRAHI | IZGARA |
| GIDA | YEMEK |
| TAS | KEPÇE |
| BIÇAK | BAHARAT |
| DONDURUCU | SÜNGER |
| KAŞIK | BARDAK |
| ÇATALLAR | PEÇETE |
| FIRIN | KAVANOZ |
| BUZDOLABI | |

# 93 - Giardinaggio

```
I  L  H  P  Y  O  P  O  F  J  L  S  M  G  J
Q  P  G  L  E  E  E  D  Q  M  U  T  R  O  H
I  I  U  Q  B  B  N  C  Z  E  S  O  D  K  O
A  Z  K  Q  H  U  U  I  V  N  C  P  T  O  K
E  G  Z  O  T  I  K  K  L  O  R  R  G  M  V
Ç  Q  S  T  O  R  İ  B  E  E  E  A  L  P  E
H  L  J  Y  O  E  L  G  T  T  B  K  I  O  O
A  U  Z  A  Q  N  L  R  F  Y  R  I  F  S  J
B  P  B  P  C  Y  İ  Ç  H  T  T  G  L  T  I
U  L  U  R  I  E  Ş  L  İ  V  P  S  E  I  Z
R  V  S  A  F  T  E  B  B  Ç  T  N  M  O  R
K  I  R  K  A  N  Y  T  F  I  E  B  V  R  A
K  İ  N  A  T  O  B  N  C  T  S  K  K  A  M
O  G  A  M  I  K  L  I  M  U  H  O  T  H  U
M  E  V  S  İ  M  L  İ  K  A  O  N  Q  O  I
```

| | |
|---|---|
| SU | YEŞİLLİK |
| BOTANİK | BAHÇE |
| IKLIM | BUKET |
| YENILEBILIR | TOHUM |
| KOMPOST | KIR |
| KONTEYNER | MEVSİMLİK |
| EGZOTIK | TOPRAK |
| ÇİÇEK | HORTUM |
| YAPRAK | NEM |

# 94 - Universo

```
Q T E U T A G Ü N D Ö N Ü M Ü
M N N Z K T P L K G K F G U V
I I L U H M S D I Ö I K Ö A N
A Y E F K O E L L K L B K J B
D S M K A S I F N S O O Y E U
A E T E Y F T R A E G D Ü G A
K Q K R D E R F R L V Z Z Ö Y
Ö G M Ü O R O T A V K E Ü R U
G Ü K K Z N U A K O Q G T Ü F
M N İ M O N O R T S A F R N U
P E M I S B H M A L Y O B Ü K
D Ş Z R D Y Ö R Ü N G E C R T
S J O A T E L E S K O P Q L K
V R K Y E E D L M N R Y I Y P
D N O G B R R P J H Z V Q N P
```

ASTRONOMİ
ASTRONOM
ATMOSFER
KARANLIK
GÖKSEL
GÖKYÜZÜ
KOZMİK
YARIMKÜRE
EKVATOR
GÖKADA

ENLEM
BOYLAM
AY
YÖRÜNGE
UFUK
GÜNEŞ
GÜNDÖNÜMÜ
TELESKOP
GÖRÜNÜR
ZODYAK

# 95 - Jazz

```
B  U  I  Z  T  G  T  Y  R  U  T  E  B  R  L
S  A  N  A  T  Ç  I  E  Z  M  A  E  E  E  K
R  E  M  İ  T  İ  R  N  H  S  U  R  S  K  K
Ü  J  D  A  V  G  T  I  B  D  G  Y  T  N  R
K  N  H  N  L  K  O  N  S  E  R  E  E  C  H
K  O  L  T  B  Ç  C  Z  P  J  U  T  C  C  I
I  Y  A  Ü  Q  C  A  H  D  M  V  E  İ  Z  Y
M  S  C  L  T  Ü  R  Ğ  K  Q  B  N  P  C  A
D  I  O  Z  K  K  N  V  O  Y  C  E  N  S  S
A  Z  R  A  T  I  T  E  I  D  I  K  R  A  Ş
V  O  D  F  T  V  Ş  J  D  G  Y  İ  A  Z  A
U  P  O  R  K  E  S  T  R  A  M  N  L  B  C
L  M  L  O  H  C  L  Z  C  H  M  K  B  R  G
Y  O  Y  A  Ş  N  Y  M  S  S  E  E  Ü  V  U
U  K  I  Z  Ü  M  U  J  J  F  O  T  M  H  G
```

| | |
|---|---|
| ALBÜM | TÜR |
| ALKIŞ | DOĞAÇLAMA |
| SANATÇI | MÜZIK |
| DAVUL | YENI |
| ŞARKI | ORKESTRA |
| BESTECI | RİTİM |
| KOMPOZISYON | TARZ |
| KONSER | YETENEK |
| VURGU | TEKNİK |
| ÜNLÜ | YAŞ |

# 96 - Vacanze #2

```
Q  K  H  J  U  Z  F  T  D  D  Z  B  I  J  Z
J  Y  I  A  R  E  S  T  O  R  A  N  M  A  K
J  H  P  L  V  Q  O  I  H  O  V  D  T  D  U
C  C  J  P  Y  A  M  O  B  G  T  G  A  G  D
I  T  G  A  F  K  L  E  T  O  T  D  Ş  O  B
A  K  Ç  A  D  I  R  İ  S  K  A  T  I  I  T
D  E  N  I  Z  U  A  T  M  A  M  T  M  S  N
R  T  T  R  E  N  L  A  Y  A  G  Z  A  E  E
G  R  I  K  Q  O  Ğ  V  J  D  N  K  C  Y  H
F  O  T  O  Ğ  R  A  F  L  A  R  I  I  A  A
E  P  V  F  C  S  D  B  U  H  Z  T  L  H  R
D  A  R  İ  A  Y  A  B  A  N  C  I  I  A  İ
E  S  O  U  Z  E  F  O  T  I  Y  C  K  T  T
H  A  U  D  G  E  E  H  P  H  T  E  Q  V  A
Z  P  G  V  B  P  G  C  L  B  R  B  P  I  Y
```

| | |
|---|---|
| HAVALİMANI | PLAJ |
| HEDEF | YABANCI |
| FOTOĞRAFLAR | TAKSİ |
| OTEL | BOŞ |
| ADA | ÇADIR |
| HARİTA | TAŞIMACILIK |
| DENIZ | TREN |
| DAĞLAR | SEYAHAT |
| PASAPORT | VİZE |
| RESTORAN | |

# 97 - Attività

```
F H G R R A L A C A M L U B A
U A K I L N A V I Ç H A B O S
A O I L Y B E C E R I S Q Y O
B A L I K Ç I L I K I E I A Ö
T M I Y P D G J B İ V H J M R
D U C O Ü Q G J Y M E P I A M
O K V E Z R F D D A N S O S E
Q O A B O Ş Ü T O R F F Y A G
K T I M L K U Y H E H R U A U
D İ K İ Ş Z V H Ü S L D N K A
R A H A T L A M A Ş L K L Y Y
K H V T E D N L U Z K D A A S
P V J M M B F P J J S P R O T
H S A N A T C B F H C B L Y J
L M F O T O Ğ R A F Ç I L I K
```

| | |
|---|---|
| BECERI | OKUMA |
| SANAT | SIHIR |
| AVCILIK | ÖRME |
| SERAMİK | BALIKÇILIK |
| DİKİŞ | ZEVK |
| DANS | BOYAMA |
| YÜRÜYÜŞ | BULMACALAR |
| FOTOĞRAFÇILIK | RAHATLAMA |
| BAHÇIVANLIK | BOŞ |
| OYUNLAR | |

# 98 - Diplomazia

```
D  İ  P  L  O  M  A  T  İ  K  E  T  İ  K  Q
S  Y  M  B  O  V  T  M  I  S  R  P  Q  İ  U
İ  L  A  N  Z  J  V  L  Ş  R  E  N  L  L  U
Y  T  D  E  D  J  A  H  N  A  L  S  A  İ  D
A  K  A  M  P  A  N  Y  A  L  L  K  E  Ç  E
S  Ç  Ö  Z  Ü  M  C  E  S  Ş  İ  T  G  L  D
E  P  C  E  S  P  H  M  İ  A  D  N  N  E  A
T  E  L  A  D  A  I  Ş  Ç  D  T  H  B  A  N
P  Y  Q  A  K  A  K  I  L  N  E  V  Ü  G  I
T  O  P  L  U  L  U  K  E  A  M  İ  T  M  Ş
Y  E  U  S  V  M  K  E  K  T  Ü  N  Ü  G  M
G  G  Q  V  N  Z  P  Ç  Ü  A  K  S  N  K  A
T  A  R  T  I  Ş  M  A  Y  V  Ü  A  L  B  N
M  M  O  Y  Y  Z  F  C  Ü  G  H  N  Ü  E  H
R  L  İ  Ğ  İ  L  R  İ  B  Ş  İ  İ  K  S  J
```

| | |
|---|---|
| ELÇİLİK | ETİK |
| BÜYÜKELÇİ | ADALET |
| KAMPANYA | HÜKÜMET |
| VATANDAŞLAR | BÜTÜNLÜK |
| TOPLULUK | DİLLER |
| ÇEKİŞME | SİYASET |
| DANIŞMAN | GÜVENLIK |
| İŞBİRLİĞİ | ÇÖZÜM |
| DİPLOMATİK | ANTLAŞMA |
| TARTIŞMA | İNSANİ |

# 99 - Forniture Artistiche

```
I  I  J  D  B  K  K  T  N  Z  F  V  V  A  J
J  L  A  B  R  A  Y  O  B  U  L  U  S  O  S
P  D  Z  R  A  L  A  Ç  R  I  F  O  R  K  A
S  U  Z  D  A  E  K  A  M  E  R  A  L  L  N
O  Y  U  H  O  M  U  S  F  M  E  R  Y  Y  D
G  P  A  D  L  L  Q  İ  N  L  B  E  I  A  A
P  A  J  R  M  E  I  L  B  A  Y  T  C  Ğ  L
P  S  V  E  A  R  D  G  E  K  Â  Ğ  I  T  Y
B  T  R  L  R  T  Ş  İ  Y  T  L  L  Y  Y  E
P  E  U  R  F  S  I  Ö  Q  U  Y  R  Q  R  U
Q  L  L  İ  U  J  C  C  V  T  D  P  K  T  R
P  E  K  K  E  R  Ü  M  I  A  M  D  G  B  T
U  E  N  İ  C  L  V  V  L  L  A  J  P  Z
Y  I  E  F  T  Z  I  P  J  V  I  E  S  R  B
V  K  R  A  K  R  İ  L  İ  K  K  K  D  A  O
```

| | |
|---|---|
| SU | FİKİRLER |
| SULUBOYA | MÜREKKEP |
| AKRİLİK | KALEMLER |
| KIL | YAĞ |
| KÂĞIT | PASTEL |
| ŞÖVALE | SANDALYE |
| TUTKAL | FIRÇALAR |
| RENK | MASA |
| YARATICILIK | KAMERA |
| SİLGİ | |

# 100 - Misurazioni

```
P  Q  B  S  A  N  T  İ  M  E  T  R  E  O  S
H  E  A  N  P  K  D  M  D  K  G  L  T  N  D
K  S  Y  O  U  Z  A  Q  V  M  E  T  E  D  E
Y  Q  T  V  G  Z  K  U  L  N  U  Z  U  A  R
S  Y  İ  N  O  T  İ  A  A  E  K  G  O  L  I
E  S  J  N  İ  V  K  S  Ğ  M  İ  U  K  I  N
T  Q  R  T  Ç  P  A  C  I  E  L  H  U  K  L
O  K  Q  R  D  Z  F  E  R  T  O  C  A  C  I
K  İ  L  O  G  R  A  M  L  R  M  K  R  M  K
G  Z  M  A  H  I  L  I  I  E  E  R  T  İ  L
G  R  A  C  U  O  N  C  K  E  T  K  V  C  E
M  R  A  M  E  P  Y  A  O  O  R  K  Z  A  B
G  R  P  M  Y  F  P  H  E  C  E  R  E  D  C
Y  Ü  K  S  E  K  L  I  K  S  S  V  M  C  I
G  E  N  I  Ş  L  I  K  Y  P  H  K  O  H  A
```

| | |
|---|---|
| YÜKSEKLIK | UZUNLUK |
| BAYT | METRE |
| SANTİMETRE | DAKİKA |
| KİLOGRAM | ONS |
| KİLOMETRE | AĞIRLIK |
| ONDALIK | PİNT |
| DERECE | İNÇ |
| GRAM | DERINLIK |
| GENIŞLIK | TON |
| LİTRE | HACIM |

# 1 - Scacchi

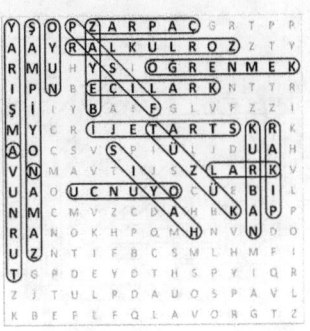

# 2 - Salute e Benessere #2

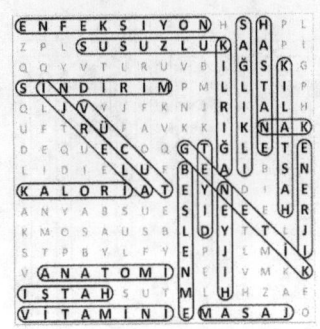

# 3 - Aggettivi #2

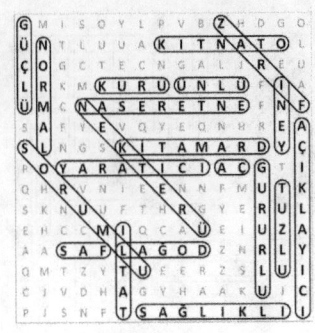

# 4 - Ingegneria

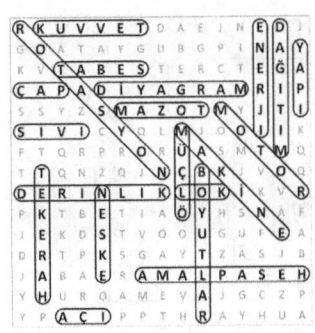

# 5 - Archeologia

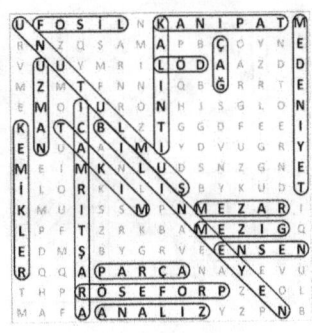

# 6 - Salute e Benessere #1

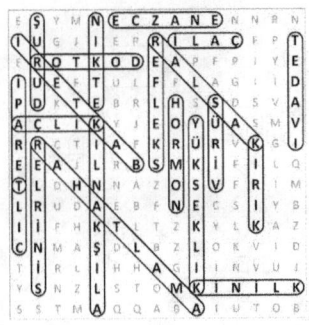

# 7 - Aggettivi #1

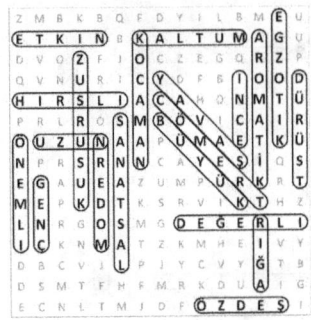

# 8 - Geologia

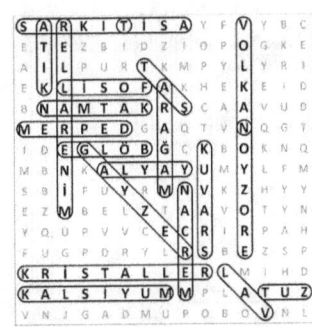

# 9 - Campeggio

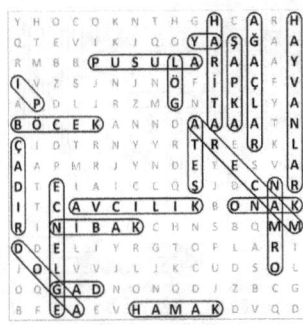

# 10 - Tempo

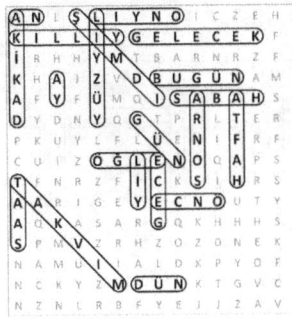

# 11 - Astronomia

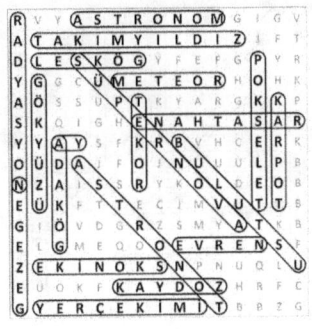

# 12 - Algebra

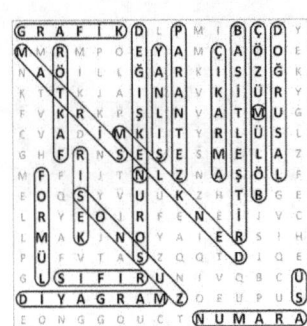

## 13 - Mitologia

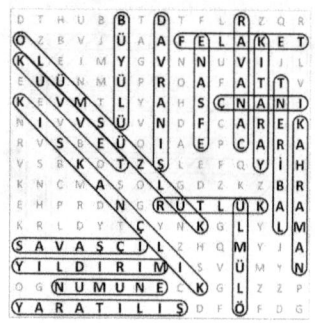

## 14 - Piante

## 15 - Spezie

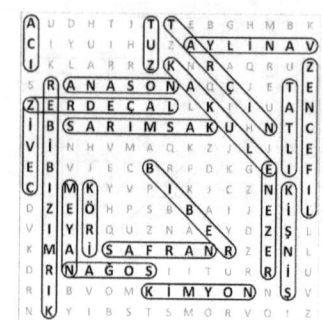

## 16 - Numeri

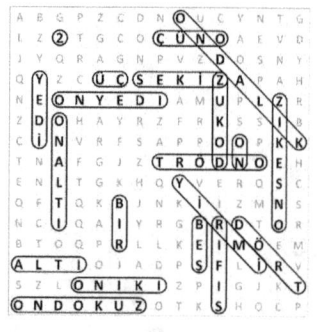

## 17 - Cioccolato

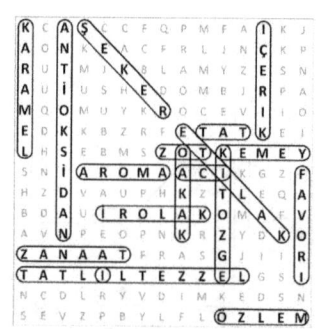

## 18 - Guida

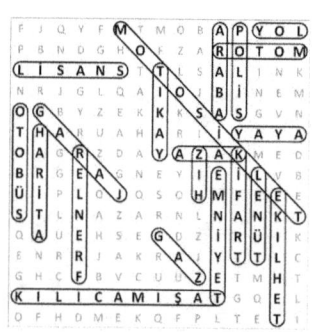

## 19 - Forza e Gravità

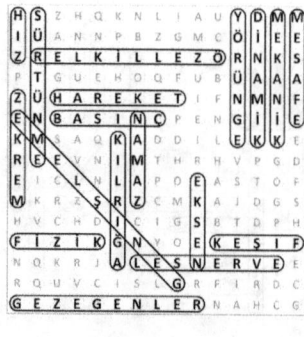

## 20 - Uccelli

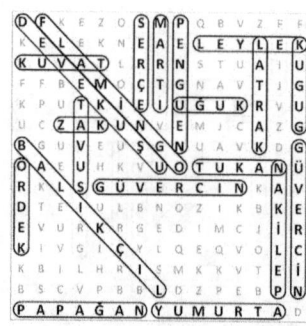

## 21 - Giorni e Mesi

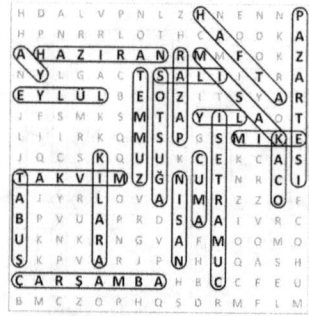

## 22 - Casa

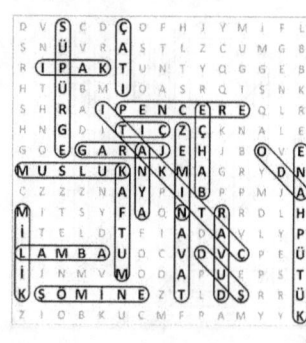

## 23 - Fantascienza

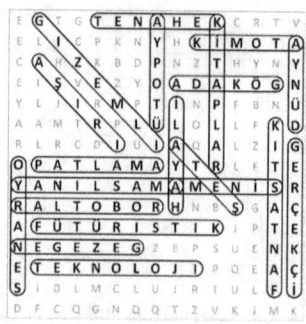

## 24 - Città

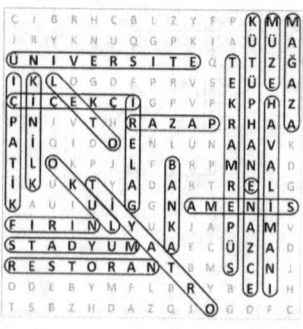

## 25 - Fattoria #1

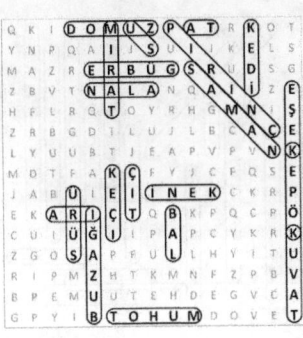

## 26 - Psicologia

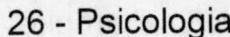

## 27 - Paesaggi

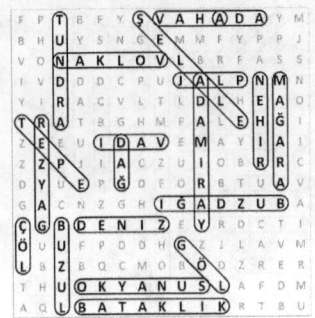

## 28 - Energia

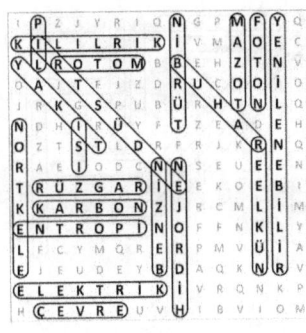

## 29 - Moda

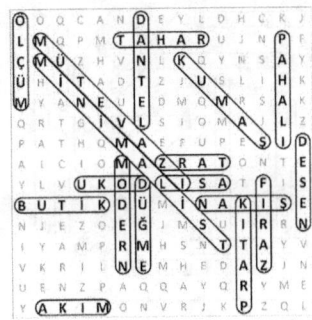

## 30 - L'Azienda

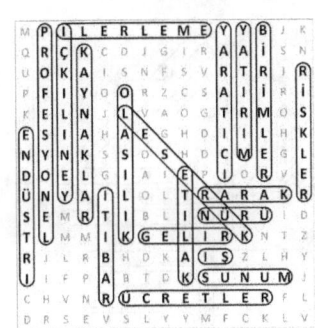

## 31 - Giardino

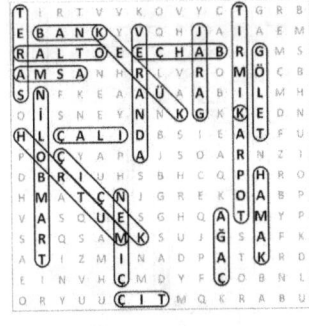

## 32 - Riscaldamento Gl

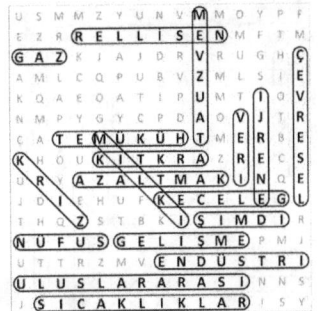

## 33 - Frutta

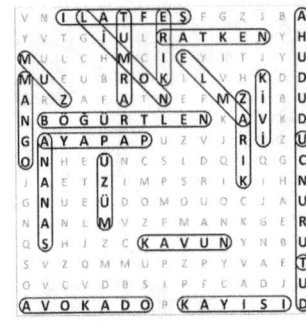

## 34 - Fattoria #2

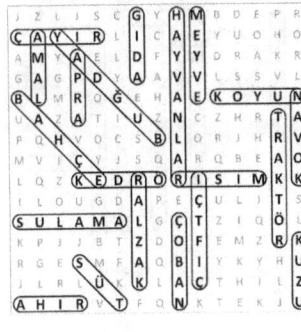

## 35 - Verdure

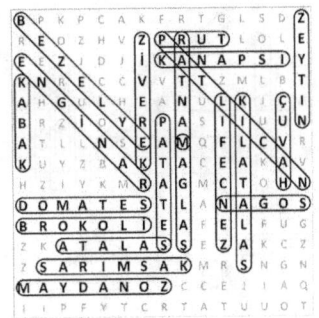

## 36 - Musica

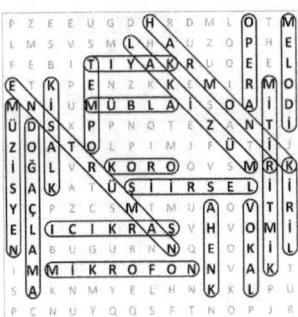

## 37 - Barbecue

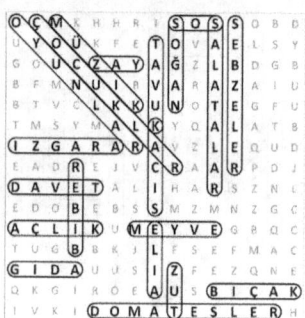

## 38 - Riempire

## 39 - Insetti

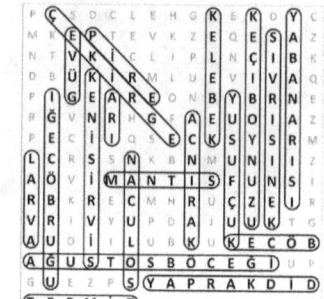

## 40 - Fisica

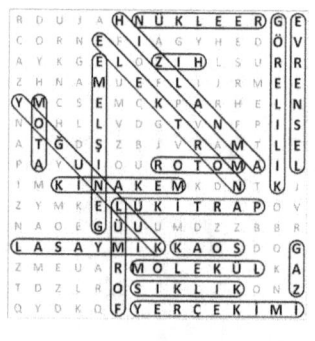

## 41 - Agronomia

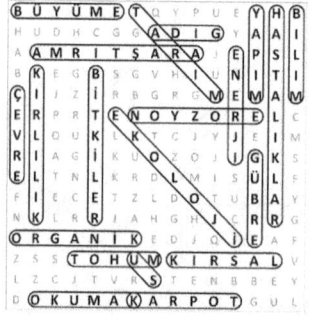

## 42 - Erboristeria

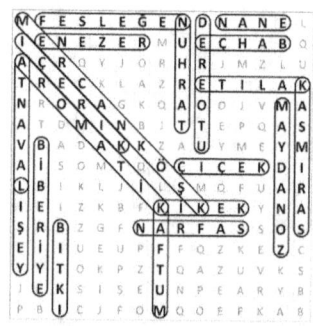

## 43 - Danza

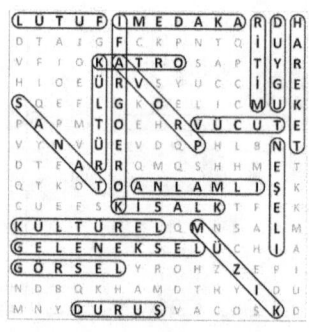

## 44 - Biologia

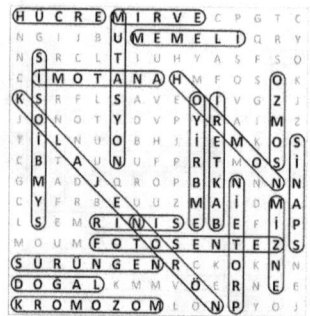

## 45 - Attività Commerciale

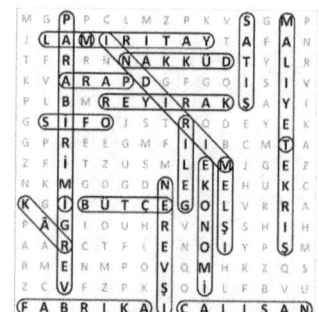

## 46 - Fiori

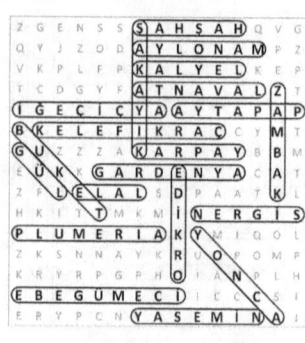

## 47 - Discipline Scientifiche

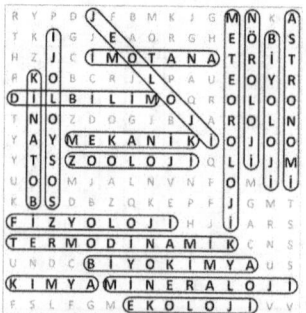

## 48 - Scienza

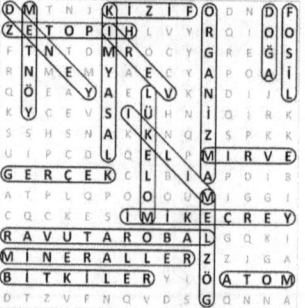

## 49 - Boxe

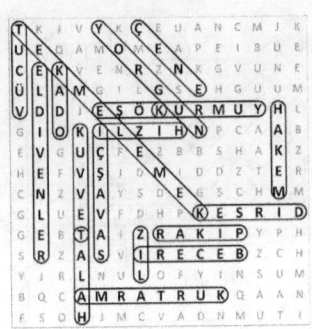

## 50 - Imbarcazioni

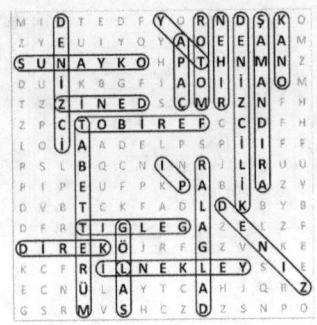

## 51 - Chimica

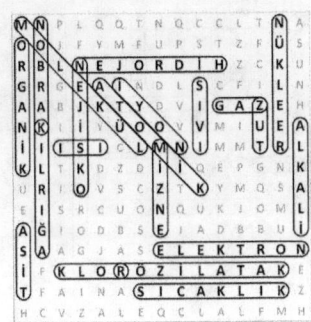

## 52 - Api

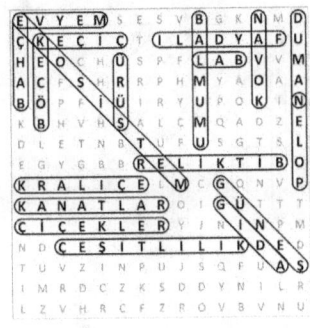

## 53 - Strumenti Musicali

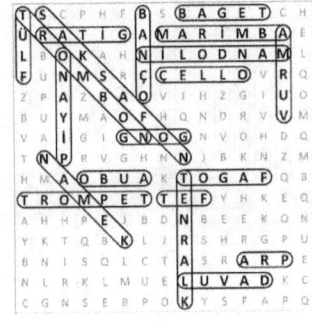

## 54 - Professioni #2

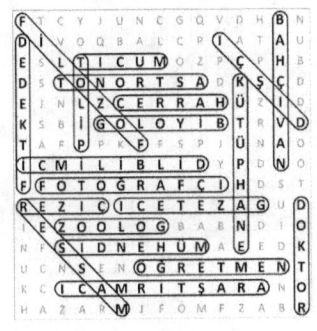

## 55 - Letteratura

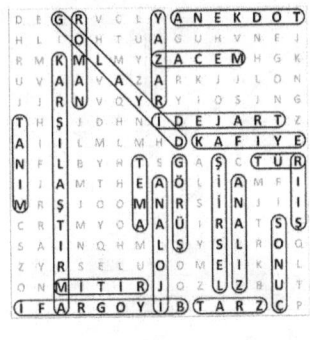

## 56 - Cibo #2

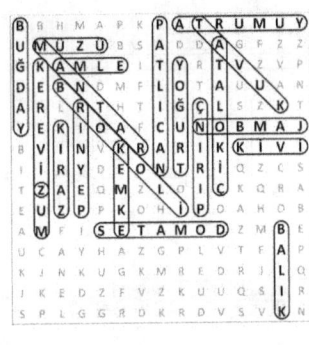

## 57 - Nutrizione

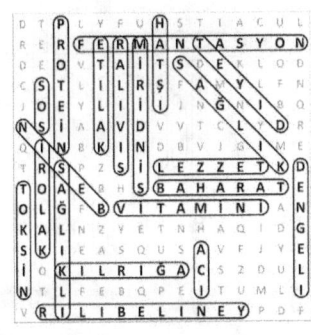

## 58 - Matematica

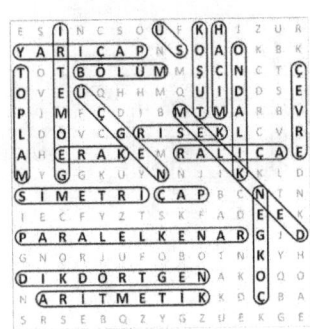

## 59 - Meditazione

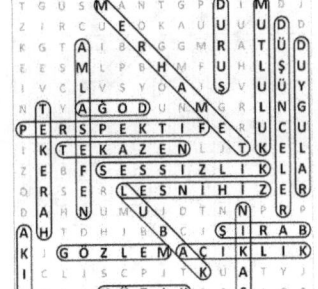

## 60 - Elettricità

## 61 - Antiquariato

## 62 - Escursionismo

## 63 - Professioni #1

## 64 - Antartide

## 65 - Libri

## 66 - Geografia

## 67 - Cibo #1

## 68 - Etica

## 69 - Aeroplani

## 70 - Governo

## 71 - Politica

## 72 - Bellezza

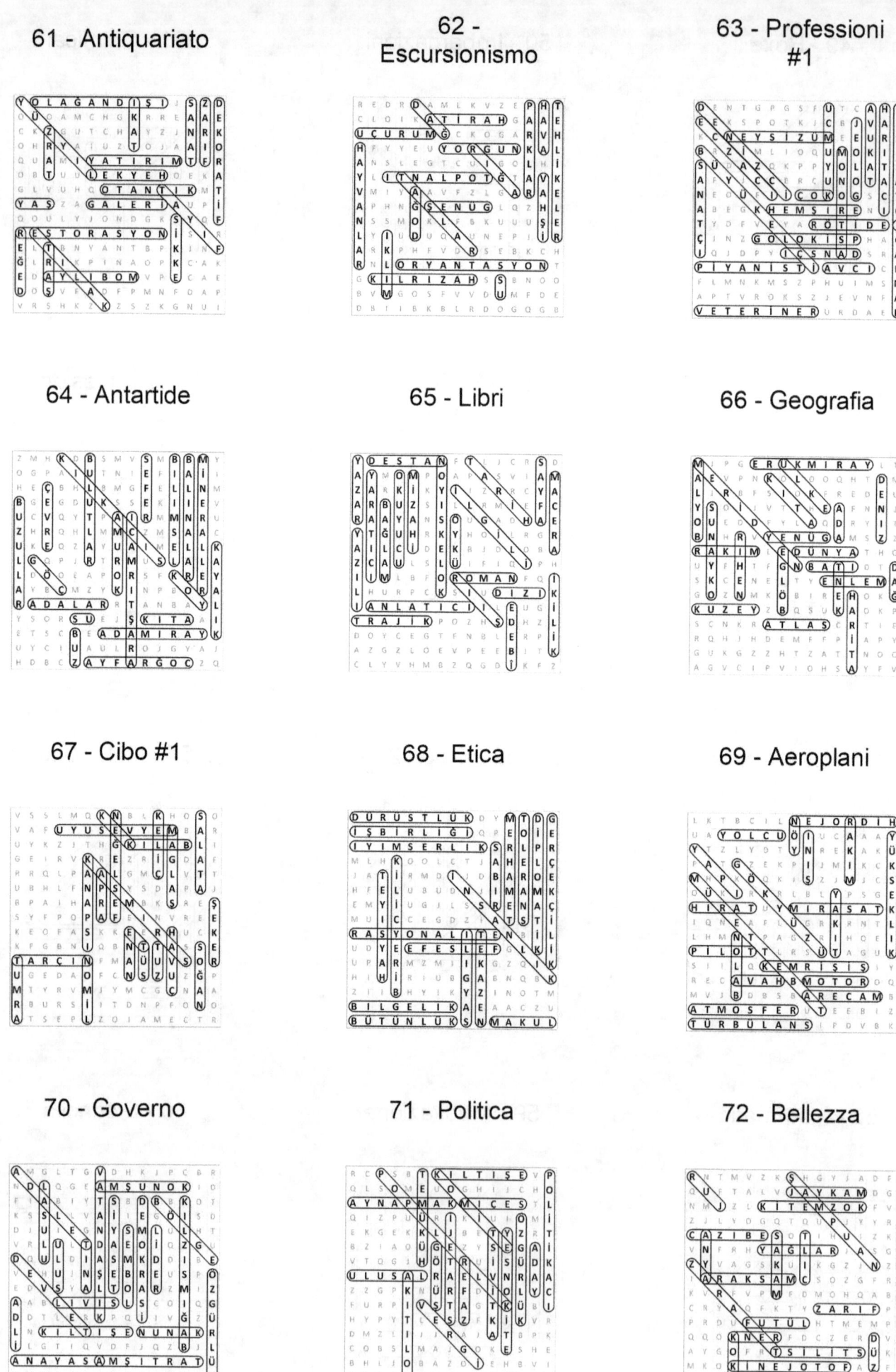

## 73 - Avventura

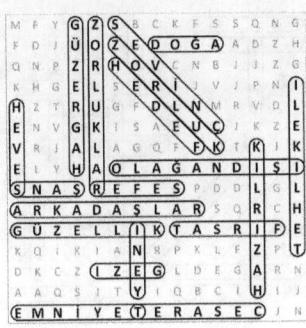

## 74 - Forme

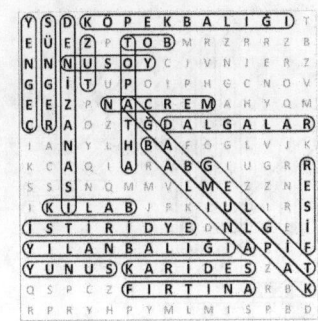

## 75 - Oceano

## 76 - Famiglia

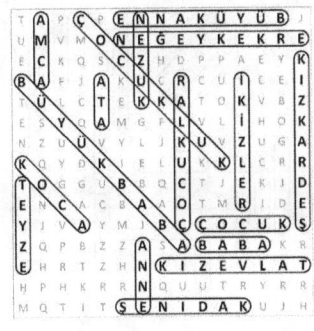

## 77 - Veicoli

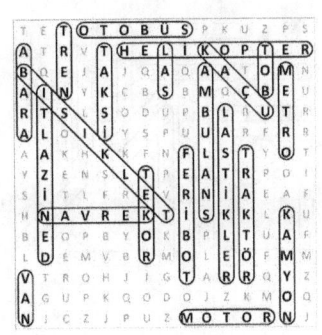

## 78 - Emozioni

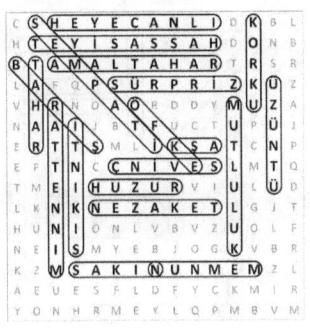

## 79 - Natura

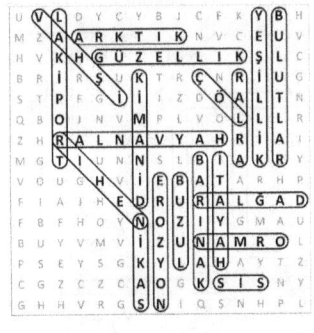

## 80 - Balletto

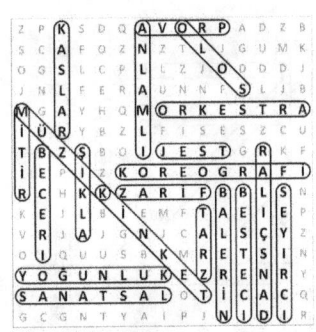

## 81 - Paesi #1

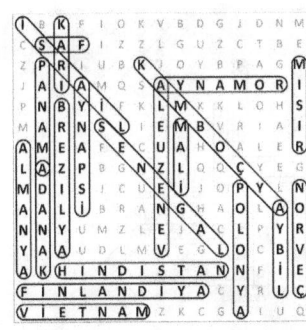

## 82 - Geometria

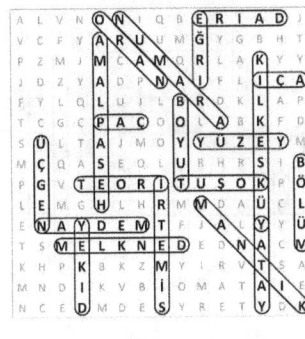

## 83 - Edifici

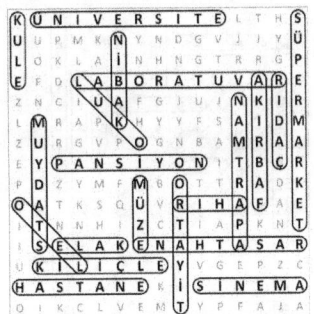

## 84 - Malattia

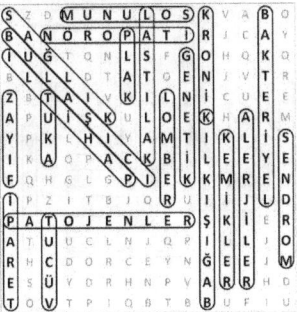

## 85 - Paesi #2

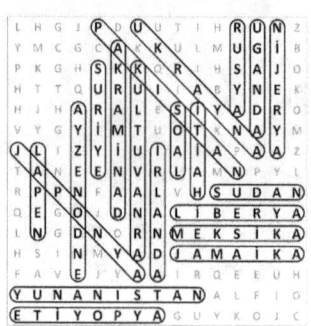

## 86 - Tipi di Capelli

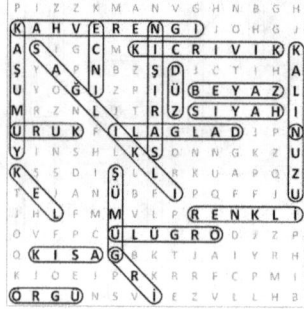

## 87 - Vestiti

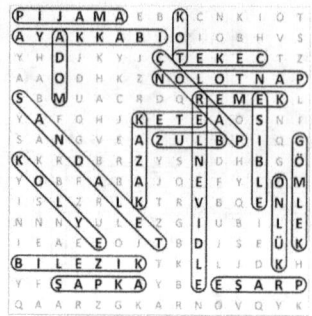

## 88 - Attività e Tempo Libero

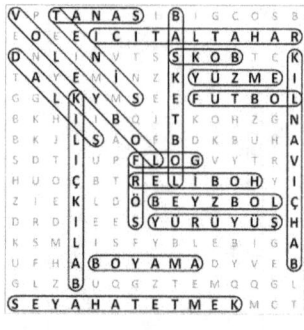

## 89 - Meteo

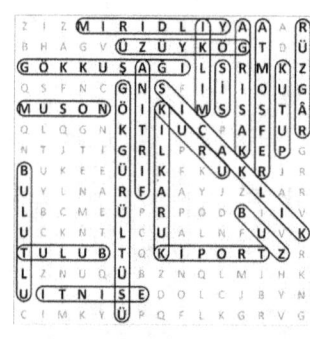

## 90 - Corpo Umano

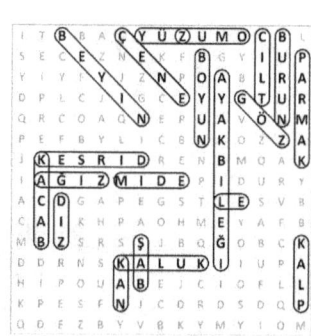

## 91 - Mammiferi

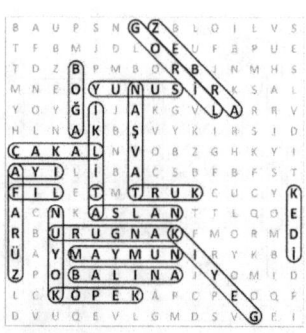

## 92 - Cucina

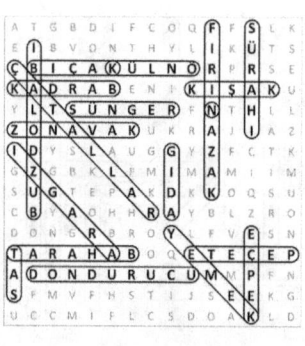

## 93 - Giardinaggio

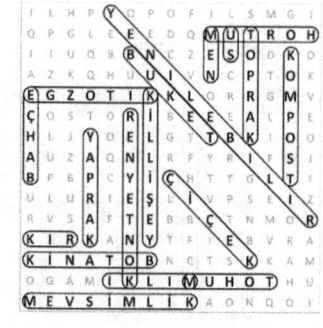

## 94 - Universo

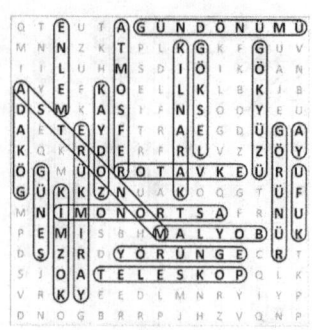

## 95 - Jazz

## 96 - Vacanze #2

## 97 - Attività

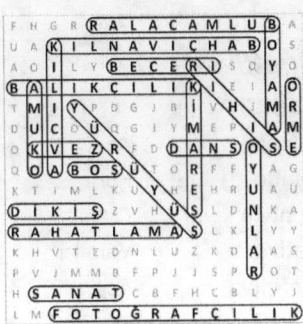

## 98 - Diplomazia

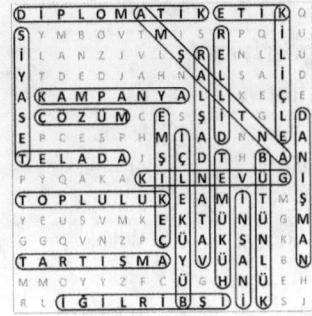

## 99 - Forniture Artistiche

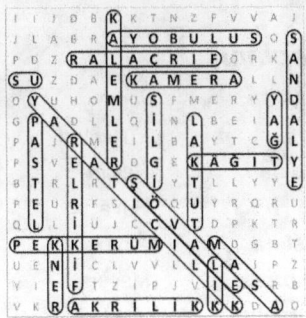

## 100 - Misurazioni

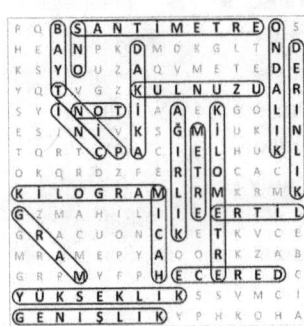

# Dizionario

## Aeroplani
### Uçaklar

| Altezza | Yükseklik |
|---|---|
| Altitudine | Rakim |
| Aria | Hava |
| Atmosfera | Atmosfer |
| Avventura | Macera |
| Carburante | Yakit |
| Cielo | Gökyüzü |
| Costruzione | Yapi |
| Design | Tasarim |
| Direzione | Yön |
| Discesa | Iniş |
| Equipaggio | Mürettebat |
| Gonfiare | Şişirmek |
| Idrogeno | Hidrojen |
| Motore | Motor |
| Palloncino | Balon |
| Passeggero | Yolcu |
| Pilota | Pilot |
| Storia | Tarih |
| Turbolenza | Türbülans |

## Aggettivi #1
### Sıfatlar #1

| Ambizioso | Hirsli |
|---|---|
| Aromatico | Aromatik |
| Artistico | Sanatsal |
| Assoluto | Mutlak |
| Attivo | Etkin |
| Enorme | Kocaman |
| Esotico | Egzotik |
| Generoso | Cömert |
| Giovane | Genç |
| Grande | Büyük |
| Identico | Özdeş |
| Importante | Önemli |
| Lento | Yavaş |
| Lungo | Uzun |
| Moderno | Modern |
| Onesto | Dürüst |
| Perfetto | Kusursuz |
| Pesante | Ağir |
| Prezioso | Değerli |
| Sottile | Ince |

## Aggettivi #2
### Sıfatlar #2

| Affamato | Aç |
|---|---|
| Asciutto | Kuru |
| Autentico | Otantik |
| Creativo | Yaratici |
| Descrittivo | Açiklayici |
| Dolce | Tatli |
| Drammatico | Dramatik |
| Elegante | Zarif |
| Famoso | Ünlü |
| Forte | Güçlü |
| Interessante | Enteresan |
| Naturale | Doğal |
| Normale | Normal |
| Nuovo | Yeni |
| Orgoglioso | Gururlu |
| Produttivo | Üretken |
| Puro | Saf |
| Responsabile | Sorumlu |
| Salato | Tuzlu |
| Sano | Sağlikli |

## Agronomia
### Tarım

| Acqua | Su |
|---|---|
| Agricoltura | Tarim |
| Ambiente | Çevre |
| Cibo | Gida |
| Crescita | Büyüme |
| Ecologia | Ekoloji |
| Energia | Enerji |
| Erosione | Erozyon |
| Fertilizzante | Gübre |
| Inquinamento | Kirlilik |
| Malattie | Hastaliklar |
| Organico | Organik |
| Piante | Bitkiler |
| Produzione | Yapim |
| Ricerca | Araştirma |
| Rurale | Kirsal |
| Scienza | Bilim |
| Semi | Tohum |
| Studio | Okumak |
| Suolo | Toprak |

## Algebra
### Cebir

| Diagramma | Diyagram |
|---|---|
| Divisione | Bölüm |
| Equazione | Denklem |
| Esponente | Üs |
| Falso | Yanliş |
| Fattore | Faktör |
| Formula | Formül |
| Frazione | Kesir |
| Grafico | Grafik |
| Infinito | Sonsuz |
| Lineare | Doğrusal |
| Matrice | Matris |
| Numero | Numara |
| Parentesi | Parantez |
| Problema | Sorun |
| Semplificare | Basitleştir |
| Soluzione | Çözüm |
| Sottrazione | Çikarma |
| Variabile | Değişken |
| Zero | Sifir |

## Antartide
### Antarktika

| Acqua | Su |
|---|---|
| Ambiente | Çevre |
| Baia | Koy |
| Balene | Balinalar |
| Conservazione | Koruma |
| Continente | Kita |
| Geografia | Coğrafya |
| Ghiacciai | Buzullar |
| Ghiaccio | Buz |
| Isole | Adalar |
| Migrazione | Göç |
| Minerali | Mineraller |
| Nuvole | Bulutlar |
| Penisola | Yarimada |
| Ricercatore | Araştirmaci |
| Roccioso | Kayalik |
| Scientifico | Bilimsel |
| Spedizione | Sefer |
| Temperatura | Sicaklik |
| Topografia | Topoğrafya |

## Antiquariato
### Antikacılar

| | |
|---|---|
| Arte | Sanat |
| Autentico | Otantik |
| Condizione | Şart |
| Decorativo | Dekoratif |
| Elegante | Zarif |
| Galleria | Galeri |
| Gioiello | Taki |
| Insolito | Olağan Dişi |
| Investimento | Yatirim |
| Mobilio | Mobilya |
| Monete | Sikke |
| Prezzo | Fiyat |
| Qualità | Kalite |
| Restauro | Restorasyon |
| Scultura | Heykel |
| Secolo | Yüzyil |
| Stile | Tarz |
| Valore | Değer |
| Vecchio | Yaş |

## Api
### Arılar

| | |
|---|---|
| Ali | Kanatlar |
| Alveare | Kovan |
| Benefico | Faydali |
| Cera | Balmumu |
| Cibo | Gida |
| Diversità | Çeşitlilik |
| Ecosistema | Ekosistem |
| Fiori | Çiçekler |
| Fiorire | Çiçek |
| Frutta | Meyve |
| Fumo | Duman |
| Giardino | Bahçe |
| Insetto | Böcek |
| Miele | Bal |
| Piante | Bitkiler |
| Polline | Polen |
| Regina | Kraliçe |
| Sciame | Sürü |
| Sole | Güneş |

## Archeologia
### Arkeoloji

| | |
|---|---|
| Analisi | Analiz |
| Civiltà | Medeniyet |
| Dimenticato | Unutulmuş |
| Discendente | Döl |
| Era | Çağ |
| Esperto | Uzman |
| Fossile | Fosil |
| Frammenti | Parça |
| Mistero | Gizem |
| Oggetti | Nesne |
| Ossa | Kemikler |
| Professore | Profesör |
| Reliquia | Kalinti |
| Ricercatore | Araştirmaci |
| Sconosciuto | Bilinmeyen |
| Squadra | Takim |
| Tempio | Tapinak |
| Tomba | Mezar |
| Valutazione | Değerlendirme |

## Astronomia
### Astronomi

| | |
|---|---|
| Astronauta | Astronot |
| Astronomo | Astronom |
| Celeste | Göksel |
| Cielo | Gökyüzü |
| Costellazione | Takimyildiz |
| Equinozio | Ekinoks |
| Galassia | Gökada |
| Gravità | Yerçekimi |
| Luna | Ay |
| Meteora | Meteor |
| Nebulosa | Bulutsu |
| Osservatorio | Rasathane |
| Pianeta | Gezegen |
| Radiazione | Radyasyon |
| Razzo | Roket |
| Supernova | Süpernova |
| Telescopio | Teleskop |
| Terra | Toprak |
| Universo | Evren |
| Zodiaco | Zodyak |

## Attività
### Etkinlikler

| | |
|---|---|
| Abilità | Beceri |
| Arte | Sanat |
| Caccia | Avcilik |
| Ceramica | Seramik |
| Cucire | Dikiş |
| Danza | Dans |
| Escursioni | Yürüyüş |
| Fotografia | Fotoğrafçilik |
| Giardinaggio | Bahçivanlik |
| Giochi | Oyunlar |
| Lettura | Okuma |
| Magia | Sihir |
| Maglieria | Örme |
| Pesca | Balikçilik |
| Piacere | Zevk |
| Pittura | Boyama |
| Puzzle | Bulmacalar |
| Rilassamento | Rahatlama |
| Tempo Libero | Boş |

## Attività Commerciale
### İşletme

| | |
|---|---|
| Bilancio | Bütçe |
| Carriera | Kariyer |
| Costo | Maliyet |
| Datore di Lavoro | Işveren |
| Dipendente | Çalişan |
| Economia | Ekonomi |
| Fabbrica | Fabrika |
| Investimento | Yatirim |
| Merce | Mal |
| Negozio | Dükkan |
| Profitto | Kâr |
| Reddito | Gelir |
| Sconto | Indirim |
| Società | Şirket |
| Soldi | Para |
| Tasse | Vergi |
| Transazione | Işlem |
| Ufficio | Ofis |
| Valuta | Para Birimi |
| Vendita | Satiş |

## Attività e Tempo Libero
### Aktiviteler ve boş Zaman

| | |
|---|---|
| **Arte** | Sanat |
| **Baseball** | Beyzbol |
| **Basket** | Basketbol |
| **Boxe** | Boks |
| **Calcio** | Futbol |
| **Escursioni** | Yürüyüş |
| **Giardinaggio** | Bahçivanlik |
| **Golf** | Golf |
| **Hobby** | Hobiler |
| **Immersione** | Daliş |
| **Nuoto** | Yüzme |
| **Pallavolo** | Voleybol |
| **Pesca** | Balikçilik |
| **Pittura** | Boyama |
| **Rilassante** | Rahatlatici |
| **Surf** | Sörf |
| **Tennis** | Tenis |
| **Viaggio** | Seyahat Etmek |

## Avventura
### Macera

| | |
|---|---|
| **Amici** | Arkadaşlar |
| **Bellezza** | Güzellik |
| **Caso** | Şans |
| **Coraggio** | Cesaret |
| **Destinazione** | Hedef |
| **Difficoltà** | Zorluk |
| **Entusiasmo** | Heves |
| **Escursione** | Gezi |
| **Gioia** | Sevinç |
| **Insolito** | Olağan Dişi |
| **Itinerario** | Güzergah |
| **Natura** | Doğa |
| **Navigazione** | Sefer |
| **Nuovo** | Yeni |
| **Opportunità** | Firsat |
| **Pericoloso** | Tehlikeli |
| **Preparazione** | Hazirlik |
| **Sfide** | Zorluklar |
| **Sicurezza** | Emniyet |
| **Viaggi** | Seyahatler |

## Balletto
### Bale

| | |
|---|---|
| **Abilità** | Beceri |
| **Applauso** | Alkiş |
| **Artistico** | Sanatsal |
| **Assolo** | Solo |
| **Ballerina** | Balerin |
| **Ballerini** | Dansçılar |
| **Compositore** | Besteci |
| **Coreografia** | Koreografi |
| **Espressivo** | Anlamli |
| **Gesto** | Jest |
| **Grazioso** | Zarif |
| **Intensità** | Yoğunluk |
| **Muscoli** | Kaslar |
| **Musica** | Müzik |
| **Orchestra** | Orkestra |
| **Prova** | Prova |
| **Pubblico** | Seyirci |
| **Ritmo** | Ritim |
| **Stile** | Tarz |
| **Tecnica** | Teknik |

## Barbecue
### Barbeküler

| | |
|---|---|
| **Bambini** | Çocuklar |
| **Caldo** | Sicak |
| **Cibo** | Gida |
| **Cipolle** | Soğan |
| **Coltelli** | Biçak |
| **Estate** | Yaz |
| **Fame** | Açlik |
| **Famiglia** | Aile |
| **Frutta** | Meyve |
| **Giochi** | Oyunlar |
| **Griglia** | Izgara |
| **Insalate** | Salatalar |
| **Invito** | Davet |
| **Musica** | Müzik |
| **Pepe** | Biber |
| **Pollo** | Tavuk |
| **Pomodori** | Domatesler |
| **Sale** | Tuz |
| **Salsa** | Sos |
| **Verdure** | Sebzeler |

## Bellezza
### Güzellik

| | |
|---|---|
| **Colore** | Renk |
| **Cosmetici** | Kozmetik |
| **Elegante** | Zarif |
| **Eleganza** | Zarafet |
| **Fascino** | Cazibe |
| **Forbici** | Makas |
| **Fotogenico** | Fotojenik |
| **Fragranza** | Koku |
| **Grazia** | Lütuf |
| **Liscio** | Düz |
| **Mascara** | Maskara |
| **Oli** | Yağlar |
| **Pelle** | Cilt |
| **Rossetto** | Ruj |
| **Shampoo** | Şampuan |
| **Specchio** | Ayna |
| **Stilista** | Stilist |
| **Trucco** | Makyaj |

## Biologia
### Biyoloji

| | |
|---|---|
| **Anatomia** | Anatomi |
| **Batteri** | Bakteri |
| **Cellula** | Hücre |
| **Collagene** | Kolajen |
| **Cromosoma** | Kromozom |
| **Embrione** | Embriyo |
| **Enzima** | Enzim |
| **Evoluzione** | Evrim |
| **Fotosintesi** | Fotosentez |
| **Mammifero** | Memeli |
| **Mutazione** | Mutasyon |
| **Naturale** | Doğal |
| **Nervo** | Sinir |
| **Neurone** | Nöron |
| **Ormone** | Hormon |
| **Osmosi** | Ozmos |
| **Proteina** | Protein |
| **Rettile** | Sürüngen |
| **Simbiosi** | Symbiosis |
| **Sinapsi** | Sinaps |

## Boxe
### Kutulama

| | |
|---|---|
| **Abilità** | Beceri |
| **Angolo** | Köşe |
| **Arbitro** | Hakem |
| **Avversario** | Rakip |
| **Calcio** | Tekmelemek |
| **Campana** | Zil |
| **Combattente** | Savaşçi |
| **Corde** | Halat |
| **Corpo** | Vücut |
| **Esaurito** | Yorgun |
| **Forza** | Kuvvet |
| **Fuoco** | Odak |
| **Gomito** | Dirsek |
| **Guanti** | Eldivenler |
| **Mento** | Çene |
| **Pugno** | Yumruk |
| **Rapido** | Hizli |
| **Recupero** | Kurtarma |

## Campeggio
### Kamp Yapmak

| | |
|---|---|
| **Alberi** | Ağaçlar |
| **Amaca** | Hamak |
| **Animali** | Hayvanlar |
| **Avventura** | Macera |
| **Bussola** | Pusula |
| **Cabina** | Kabin |
| **Caccia** | Avcilik |
| **Canoa** | Kano |
| **Cappello** | Şapka |
| **Corda** | Ip |
| **Divertimento** | Eğlence |
| **Foresta** | Orman |
| **Fuoco** | Ateş |
| **Insetto** | Böcek |
| **Lago** | Göl |
| **Luna** | Ay |
| **Mappa** | Harita |
| **Montagna** | Dağ |
| **Natura** | Doğa |
| **Tenda** | Çadir |

## Casa
### Ev

| | |
|---|---|
| **Attico** | Çati Kati |
| **Biblioteca** | Kütüphane |
| **Camera** | Oda |
| **Camino** | Şömine |
| **Cucina** | Mutfak |
| **Doccia** | Duş |
| **Finestra** | Pencere |
| **Garage** | Garaj |
| **Giardino** | Bahçe |
| **Lampada** | Lamba |
| **Parete** | Duvar |
| **Pavimento** | Zemin |
| **Porta** | Kapi |
| **Recinto** | Çit |
| **Rubinetto** | Musluk |
| **Scopa** | Süpürge |
| **Soffitto** | Tavan |
| **Specchio** | Ayna |
| **Tappeto** | Kilim |
| **Tetto** | Çati |

## Chimica
### Kimya

| | |
|---|---|
| **Acido** | Asit |
| **Alcalino** | Alkali |
| **Atomico** | Atomik |
| **Calore** | Isi |
| **Carbonio** | Karbon |
| **Catalizzatore** | Katalizör |
| **Cloro** | Klor |
| **Elettrone** | Elektron |
| **Enzima** | Enzim |
| **Gas** | Gaz |
| **Idrogeno** | Hidrojen |
| **Ione** | İyon |
| **Liquido** | Sivi |
| **Molecola** | Molekül |
| **Nucleare** | Nükleer |
| **Organico** | Organik |
| **Ossigeno** | Oksijen |
| **Peso** | Ağirlik |
| **Sale** | Tuz |
| **Temperatura** | Sicaklik |

## Cibo #1
### Yemek #1

| | |
|---|---|
| **Aglio** | Sarimsak |
| **Basilico** | Fesleğen |
| **Cannella** | Tarçin |
| **Carne** | Et |
| **Carota** | Havuç |
| **Cipolla** | Soğan |
| **Fragola** | Çilek |
| **Insalata** | Salata |
| **Latte** | Süt |
| **Limone** | Limon |
| **Menta** | Nane |
| **Orzo** | Arpa |
| **Pera** | Armut |
| **Rapa** | Şalgam |
| **Sale** | Tuz |
| **Spinaci** | Ispanak |
| **Succo** | Meyve Suyu |
| **Tonno** | Balik |
| **Torta** | Kek |
| **Zucchero** | Şeker |

## Cibo #2
### Yemek #2

| | |
|---|---|
| **Banana** | Muz |
| **Broccolo** | Brokoli |
| **Ciliegia** | Kiraz |
| **Cioccolato** | Çikolata |
| **Formaggio** | Peynir |
| **Fungo** | Mantar |
| **Grano** | Buğday |
| **Kiwi** | Kivi |
| **Mela** | Elma |
| **Melanzana** | Patlican |
| **Pane** | Ekmek |
| **Pesce** | Balik |
| **Pollo** | Tavuk |
| **Pomodoro** | Domates |
| **Prosciutto** | Jambon |
| **Riso** | Pirinç |
| **Sedano** | Kereviz |
| **Uovo** | Yumurta |
| **Uva** | Üzüm |
| **Yogurt** | Yoğurt |

## Cioccolato
### Çikolatalı

| | |
|---|---|
| Amaro | Aci |
| Antiossidante | Antioksidan |
| Aroma | Aroma |
| Artigianale | Zanaat |
| Brama | Özlem |
| Cacao | Kakao |
| Calorie | Kalori |
| Caramello | Karamel |
| Delizioso | Lezzetli |
| Dolce | Tatli |
| Esotico | Egzotik |
| Gusto | Tat |
| Ingrediente | Içerik |
| Mangiare | Yemek |
| Polvere | Toz |
| Preferito | Favori |
| Qualità | Kalite |
| Zucchero | Şeker |

## Città
### Kasaba

| | |
|---|---|
| Aeroporto | Havalimani |
| Banca | Banka |
| Biblioteca | Kütüphane |
| Cinema | Sinema |
| Clinica | Klinik |
| Farmacia | Eczane |
| Fiorista | Çiçekçi |
| Galleria | Galeri |
| Hotel | Otel |
| Libreria | Kitapçi |
| Mercato | Pazar |
| Museo | Müze |
| Negozio | Mağaza |
| Panetteria | Firin |
| Ristorante | Restoran |
| Scuola | Okul |
| Stadio | Stadyum |
| Supermercato | Süpermarket |
| Teatro | Tiyatro |
| Università | Üniversite |

## Corpo Umano
### İnsan Vücudu

| | |
|---|---|
| Bocca | Ağiz |
| Caviglia | Ayak Bileği |
| Cervello | Beyin |
| Collo | Boyun |
| Cuore | Kalp |
| Dito | Parmak |
| Faccia | Yüz |
| Gamba | Bacak |
| Ginocchio | Diz |
| Gomito | Dirsek |
| Mano | El |
| Mento | Çene |
| Naso | Burun |
| Occhio | Göz |
| Orecchio | Kulak |
| Pelle | Cilt |
| Sangue | Kan |
| Spalla | Omuz |
| Stomaco | Mide |
| Testa | Baş |

## Cucina
### Mutfak

| | |
|---|---|
| Bollitore | Kazan |
| Brocca | Sürahi |
| Cibo | Gida |
| Ciotola | Tas |
| Coltelli | Biçak |
| Congelatore | Dondurucu |
| Cucchiai | Kaşik |
| Forchette | Çatallar |
| Forno | Firin |
| Frigorifero | Buzdolabi |
| Grembiule | Önlük |
| Griglia | Izgara |
| Mangiare | Yemek |
| Mestolo | Kepçe |
| Spezie | Baharat |
| Spugna | Sünger |
| Tazze | Bardak |
| Tovagliolo | Peçete |
| Vaso | Kavanoz |

## Danza
### Dans

| | |
|---|---|
| Accademia | Akademi |
| Arte | Sanat |
| Classico | Klasik |
| Compagno | Ortak |
| Coreografia | Koreografi |
| Corpo | Vücut |
| Cultura | Kültür |
| Culturale | Kültürel |
| Emozione | Duygu |
| Espressivo | Anlamli |
| Gioioso | Neşeli |
| Grazia | Lütuf |
| Movimento | Hareket |
| Musica | Müzik |
| Postura | Duruş |
| Prova | Prova |
| Ritmo | Ritim |
| Tradizionale | Geleneksel |
| Visivo | Görsel |

## Diplomazia
### Diplomasi

| | |
|---|---|
| Ambasciata | Elçilik |
| Ambasciatore | Büyükelçi |
| Campagne | Kampanya |
| Cittadini | Vatandaşlar |
| Comunità | Topluluk |
| Conflitto | Çekişme |
| Consigliere | Danişman |
| Cooperazione | İşbirliği |
| Diplomatico | Diplomatik |
| Discussione | Tartişma |
| Etica | Etik |
| Giustizia | Adalet |
| Governo | Hükümet |
| Integrità | Bütünlük |
| Lingue | Diller |
| Politica | Siyaset |
| Sicurezza | Güvenlik |
| Soluzione | Çözüm |
| Trattato | Antlaşma |
| Umanitario | İnsani |

## Discipline Scientifiche
### Bilimsel Disiplinler

| | |
|---|---|
| **Anatomia** | Anatomi |
| **Archeologia** | Arkeoloji |
| **Astronomia** | Astronomi |
| **Biochimica** | Biyokimya |
| **Biologia** | Biyoloji |
| **Botanica** | Botanik |
| **Chimica** | Kimya |
| **Ecologia** | Ekoloji |
| **Fisiologia** | Fizyoloji |
| **Geologia** | Jeoloji |
| **Immunologia** | İmmünoloji |
| **Linguistica** | Dilbilim |
| **Meccanica** | Mekanik |
| **Meteorologia** | Meteoroloji |
| **Mineralogia** | Mineraloji |
| **Neurologia** | Nöroloji |
| **Psicologia** | Psikoloji |
| **Sociologia** | Sosyoloji |
| **Termodinamica** | Termodinamik |
| **Zoologia** | Zooloji |

## Edifici
### Site

| | |
|---|---|
| **Ambasciata** | Elçilik |
| **Appartamento** | Apartman |
| **Cabina** | Kabin |
| **Castello** | Kale |
| **Cinema** | Sinema |
| **Fabbrica** | Fabrika |
| **Fienile** | Ahir |
| **Hotel** | Otel |
| **Laboratorio** | Laboratuvar |
| **Museo** | Müze |
| **Ospedale** | Hastane |
| **Osservatorio** | Rasathane |
| **Ostello** | Pansiyon |
| **Scuola** | Okul |
| **Stadio** | Stadyum |
| **Supermercato** | Süpermarket |
| **Teatro** | Tiyatro |
| **Tenda** | Çadir |
| **Torre** | Kule |
| **Università** | Üniversite |

## Elettricità
### Elektrik

| | |
|---|---|
| **Batteria** | Pil |
| **Cavo** | Kablo |
| **Conservazione** | Depolama |
| **Elettricista** | Elektrikçi |
| **Elettrico** | Elektrik |
| **Fili** | Teller |
| **Generatore** | Jeneratör |
| **Lampada** | Lamba |
| **Lampadina** | Ampul |
| **Laser** | Lazer |
| **Magnete** | Miknatis |
| **Negativo** | Olumsuz |
| **Oggetti** | Nesne |
| **Positivo** | Pozitif |
| **Presa** | Yuva |
| **Rete** | Ağ |
| **Telefono** | Telefon |
| **Televisione** | Televizyon |

## Emozioni
### Duygular

| | |
|---|---|
| **Amore** | Aşk |
| **Beatitudine** | Mutluluk |
| **Calma** | Sakin |
| **Eccitato** | Heyecanli |
| **Gentilezza** | Nezaket |
| **Gioia** | Sevinç |
| **Grato** | Minnettar |
| **Noia** | Sikinti |
| **Pace** | Bariş |
| **Paura** | Korku |
| **Rabbia** | Öfke |
| **Rilassato** | Rahat |
| **Rilievo** | Rahatlama |
| **Simpatia** | Sempati |
| **Soddisfatto** | Memnun |
| **Sorpresa** | Sürpriz |
| **Tenerezza** | Hassasiyet |
| **Tranquillità** | Huzur |
| **Tristezza** | Üzüntü |

## Energia
### Enerji

| | |
|---|---|
| **Ambiente** | Çevre |
| **Batteria** | Pil |
| **Benzina** | Benzin |
| **Calore** | Isi |
| **Carbonio** | Karbon |
| **Carburante** | Yakit |
| **Diesel** | Mazot |
| **Elettrico** | Elektrik |
| **Elettrone** | Elektron |
| **Entropia** | Entropi |
| **Fotone** | Foton |
| **Idrogeno** | Hidrojen |
| **Industria** | Endüstri |
| **Inquinamento** | Kirlilik |
| **Motore** | Motor |
| **Nucleare** | Nükleer |
| **Rinnovabile** | Yenilenebilir |
| **Turbina** | Türbin |
| **Vapore** | Buhar |
| **Vento** | Rüzgar |

## Erboristeria
### Bitkicilik

| | |
|---|---|
| **Aglio** | Sarimsak |
| **Aneto** | Dereotu |
| **Aromatico** | Aromatik |
| **Basilico** | Fesleğen |
| **Culinario** | Mutfak |
| **Dragoncello** | Tarhun |
| **Finocchio** | Rezene |
| **Fiore** | Çiçek |
| **Giardino** | Bahçe |
| **Ingrediente** | Içerik |
| **Lavanda** | Lavanta |
| **Maggiorana** | Mercanköşk |
| **Menta** | Nane |
| **Pianta** | Bitki |
| **Prezzemolo** | Maydanoz |
| **Qualità** | Kalite |
| **Rosmarino** | Biberiye |
| **Timo** | Kekik |
| **Verde** | Yeşil |
| **Zafferano** | Safran |

## Escursionismo
### Yürüyüş

| | |
|---|---|
| **Acqua** | Su |
| **Animali** | Hayvanlar |
| **Clima** | İklim |
| **Mappa** | Harita |
| **Meteo** | Hava |
| **Montagna** | Dağ |
| **Natura** | Doğa |
| **Orientamento** | Oryantasyon |
| **Parchi** | Parklar |
| **Pericoli** | Tehlikeler |
| **Pesante** | Ağir |
| **Pietre** | Taşlar |
| **Preparazione** | Hazirlik |
| **Scogliera** | Uçurum |
| **Selvaggio** | Vahşi |
| **Sole** | Güneş |
| **Stanco** | Yorgun |
| **Vertice** | Toplanti |

## Etica
### Etik

| | |
|---|---|
| **Altruismo** | Özgecilik |
| **Compassione** | Merhamet |
| **Cooperazione** | İşbirliği |
| **Dignità** | Haysiyet |
| **Diplomatico** | Diplomatik |
| **Filosofia** | Felsefe |
| **Gentilezza** | Nezaket |
| **Individualismo** | Bireycilik |
| **Integrità** | Bütünlük |
| **Onestà** | Dürüstlük |
| **Ottimismo** | Iyimserlik |
| **Pazienza** | Sabir |
| **Ragionevole** | Makul |
| **Razionalità** | Rasyonalite |
| **Realismo** | Gerçekcilik |
| **Rispettoso** | Saygili |
| **Saggezza** | Bilgelik |
| **Tolleranza** | Tolerans |
| **Umanità** | İnsanlik |
| **Valori** | Değerler |

## Famiglia
### Aile

| | |
|---|---|
| **Antenato** | Ata |
| **Bambini** | Çocuklar |
| **Bambino** | Çocuk |
| **Cugino** | Kuzen |
| **Figlia** | Kiz Evlat |
| **Fratello** | Erkek Kardeş |
| **Gemelli** | İkizler |
| **Infanzia** | Çocukluk |
| **Madre** | Anne |
| **Marito** | Koca |
| **Moglie** | Kadin Eş |
| **Nipote** | Erkek Yeğen |
| **Nonna** | Büyükanne |
| **Nonno** | Büyük Baba |
| **Padre** | Baba |
| **Sorella** | Kiz Kardeş |
| **Zia** | Teyze |
| **Zio** | Amca |

## Fantascienza
### Bilim Kurgu

| | |
|---|---|
| **Atomico** | Atomik |
| **Cinema** | Sinema |
| **Esplosione** | Patlama |
| **Estremo** | Aşiri |
| **Fantastico** | Fantastik |
| **Fuoco** | Ateş |
| **Futuristico** | Fütüristik |
| **Galassia** | Gökada |
| **Illusione** | Yanilsama |
| **Immaginario** | Hayali |
| **Libri** | Kitaplar |
| **Misterioso** | Gizemli |
| **Mondo** | Dünya |
| **Oracolo** | Kehanet |
| **Pianeta** | Gezegen |
| **Realistico** | Gerçekçi |
| **Robot** | Robotlar |
| **Scenario** | Senaryo |
| **Tecnologia** | Teknoloji |
| **Utopia** | Ütopya |

## Fattoria #1
### Çiftlik #1

| | |
|---|---|
| **Acqua** | Su |
| **Agricoltura** | Tarim |
| **Ape** | Ari |
| **Asino** | Eşek |
| **Campo** | Alan |
| **Cane** | Köpek |
| **Capra** | Keçi |
| **Cavallo** | At |
| **Fertilizzante** | Gübre |
| **Fieno** | Saman |
| **Gatto** | Kedi |
| **Gregge** | Sürü |
| **Maiale** | Domuz |
| **Miele** | Bal |
| **Mucca** | İnek |
| **Pollo** | Tavuk |
| **Recinto** | Çit |
| **Riso** | Pirinç |
| **Semi** | Tohum |
| **Vitello** | Buzaği |

## Fattoria #2
### Çiftlik #2

| | |
|---|---|
| **Agnello** | Kuzu |
| **Agricoltore** | Çiftçi |
| **Alveare** | Kovan |
| **Anatra** | Ördek |
| **Animali** | Hayvanlar |
| **Cibo** | Gida |
| **Fienile** | Ahir |
| **Frutta** | Meyve |
| **Frutteto** | Bahçe |
| **Grano** | Buğday |
| **Irrigazione** | Sulama |
| **Lama** | Lama |
| **Latte** | Süt |
| **Mais** | Misir |
| **Oche** | Kazlar |
| **Orzo** | Arpa |
| **Pastore** | Çoban |
| **Pecora** | Koyun |
| **Prato** | Çayir |
| **Trattore** | Traktör |

## Fiori
### Çiçekler

| | |
|---|---|
| Gardenia | Gardenya |
| Gelsomino | Yasemin |
| Giglio | Zambak |
| Girasole | Ayçiçeği |
| Ibisco | Ebegümeci |
| Lavanda | Lavanta |
| Lilla | Leylak |
| Magnolia | Manolya |
| Margherita | Papatya |
| Mazzo | Buket |
| Narciso | Nergis |
| Orchidea | Orkide |
| Papavero | Haşhaş |
| Passiflora | Çarkifelek |
| Peonia | Şakayik |
| Petalo | Yaprak |
| Plumeria | Plumeria |
| Rosa | Gül |
| Trifoglio | Yonca |
| Tulipano | Lale |

## Fisica
### Fizikçi

| | |
|---|---|
| Accelerazione | Hizlanma |
| Atomo | Atom |
| Caos | Kaos |
| Chimico | Kimyasal |
| Densità | Yoğunluk |
| Elettrone | Elektron |
| Espansione | Genişleme |
| Formula | Formül |
| Frequenza | Siklik |
| Gas | Gaz |
| Gravità | Yerçekimi |
| Magnetismo | Manyetizma |
| Meccanica | Mekanik |
| Molecola | Molekül |
| Motore | Motor |
| Nucleare | Nükleer |
| Particella | Partikül |
| Relatività | Görelilik |
| Universale | Evrensel |
| Velocità | Hiz |

## Forme
### Şekilliler

| | |
|---|---|
| Angolo | Köşe |
| Arco | Ark |
| Bordi | Kenarlar |
| Cerchio | Daire |
| Cilindro | Silindir |
| Cono | Koni |
| Cubo | Küp |
| Curva | Eğri |
| Ellisse | Elips |
| Iperbole | Hiperbol |
| Lato | Yan |
| Linea | Sira |
| Ovale | Oval |
| Piramide | Piramit |
| Poligono | Çokgen |
| Prisma | Prizma |
| Quadrato | Kare |
| Rettangolo | Dikdörtgen |
| Sfera | Küre |
| Triangolo | Üçgen |

## Forniture Artistiche
### Sanat Malzemeleri

| | |
|---|---|
| Acqua | Su |
| Acquerelli | Suluboya |
| Acrilico | Akrilik |
| Argilla | Kil |
| Carta | Kâğit |
| Cavalletto | Şövale |
| Colla | Tutkal |
| Colori | Renk |
| Creatività | Yaraticilik |
| Gomma | Silgi |
| Idee | Fikirler |
| Inchiostro | Mürekkep |
| Matite | Kalemler |
| Olio | Yağ |
| Pastelli | Pastel |
| Sedia | Sandalye |
| Spazzole | Firçalar |
| Tavolo | Masa |
| Telecamera | Kamera |

## Forza e Gravità
### Kuvvet ve Yerçekimi

| | |
|---|---|
| Asse | Eksen |
| Attrito | Sürtünme |
| Centro | Merkez |
| Dinamico | Dinamik |
| Distanza | Mesafe |
| Espansione | Genişleme |
| Fisica | Fizik |
| Magnetismo | Manyetizma |
| Meccanica | Mekanik |
| Movimento | Hareket |
| Orbita | Yörünge |
| Peso | Ağirlik |
| Pianeti | Gezegenler |
| Pressione | Basinç |
| Proprietà | Özellikler |
| Scoperta | Keşif |
| Tempo | Zaman |
| Universale | Evrensel |
| Velocità | Hiz |

## Frutta
### Meyve

| | |
|---|---|
| Albicocca | Kayisi |
| Ananas | Ananas |
| Arancia | Turuncu |
| Avocado | Avokado |
| Bacca | Dut |
| Banana | Muz |
| Ciliegia | Kiraz |
| Kiwi | Kivi |
| Lampone | Ahududu |
| Limone | Limon |
| Mango | Mango |
| Mela | Elma |
| Melone | Kavun |
| Mora | Böğürtlen |
| Nettarina | Nektar |
| Papaia | Papaya |
| Pera | Armut |
| Pesca | Şeftali |
| Prugna | Erik |
| Uva | Üzüm |

### Geografia
Coğrafya

| | |
|---|---|
| **Altitudine** | Rakim |
| **Atlante** | Atlas |
| **Città** | Kent |
| **Continente** | Kita |
| **Emisfero** | Yarimküre |
| **Fiume** | Nehir |
| **Isola** | Ada |
| **Latitudine** | Enlem |
| **Longitudine** | Boylam |
| **Mappa** | Harita |
| **Mare** | Deniz |
| **Meridiano** | Meridyen |
| **Mondo** | Dünya |
| **Montagna** | Dağ |
| **Nord** | Kuzey |
| **Oceano** | Okyanus |
| **Ovest** | Bati |
| **Paese** | Ülke |
| **Sud** | Güney |
| **Territorio** | Bölge |

### Geologia
Jeoloji

| | |
|---|---|
| **Acido** | Asit |
| **Altopiano** | Yayla |
| **Calcio** | Kalsiyum |
| **Caverna** | Mağara |
| **Continente** | Kita |
| **Corallo** | Mercan |
| **Cristalli** | Kristaller |
| **Erosione** | Erozyon |
| **Fossile** | Fosil |
| **Geyser** | Gayzer |
| **Lava** | Lav |
| **Minerali** | Mineraller |
| **Pietra** | Taş |
| **Quarzo** | Kuvars |
| **Sale** | Tuz |
| **Stalattite** | Sarkit |
| **Strato** | Katman |
| **Terremoto** | Deprem |
| **Vulcano** | Volkan |
| **Zona** | Bölge |

### Geometria
Geometri

| | |
|---|---|
| **Altezza** | Yükseklik |
| **Angolo** | Açi |
| **Calcolo** | Hesaplama |
| **Cerchio** | Daire |
| **Curva** | Eğri |
| **Diametro** | Çap |
| **Dimensione** | Boyut |
| **Equazione** | Denklem |
| **Logica** | Mantik |
| **Mediano** | Medyan |
| **Numero** | Numara |
| **Orizzontale** | Yatay |
| **Parallelo** | Koşut |
| **Proporzione** | Oran |
| **Segmento** | Bölüm |
| **Simmetria** | Simetri |
| **Superficie** | Yüzey |
| **Teoria** | Teori |
| **Triangolo** | Üçgen |
| **Verticale** | Dikey |

### Giardinaggio
Bahçıvanlık

| | |
|---|---|
| **Acqua** | Su |
| **Botanico** | Botanik |
| **Clima** | Iklim |
| **Commestibile** | Yenilebilir |
| **Compost** | Kompost |
| **Contenitore** | Konteyner |
| **Esotico** | Egzotik |
| **Floreale** | Çiçek |
| **Foglia** | Yaprak |
| **Fogliame** | Yeşillik |
| **Frutteto** | Bahçe |
| **Mazzo** | Buket |
| **Semi** | Tohum |
| **Sporco** | Kir |
| **Stagionale** | Mevsimlik |
| **Suolo** | Toprak |
| **Tubo** | Hortum |
| **Umidità** | Nem |

### Giardino
Bahçe

| | |
|---|---|
| **Albero** | Ağaç |
| **Amaca** | Hamak |
| **Cespuglio** | Çali |
| **Erba** | Çimen |
| **Erbacce** | Otlar |
| **Fiore** | Çiçek |
| **Garage** | Garaj |
| **Giardino** | Bahçe |
| **Pala** | Kürek |
| **Panca** | Bank |
| **Portico** | Veranda |
| **Rastrello** | Tirmik |
| **Recinto** | Çit |
| **Stagno** | Gölet |
| **Suolo** | Toprak |
| **Terrazza** | Teras |
| **Trampolino** | Trambolin |
| **Tubo** | Hortum |
| **Vite** | Asma |

### Giorni e Mesi
Günler ve Aylar

| | |
|---|---|
| **Agosto** | Ağustos |
| **Anno** | Yil |
| **Aprile** | Nisan |
| **Calendario** | Takvim |
| **Dicembre** | Aralik |
| **Domenica** | Pazar |
| **Febbraio** | Şubat |
| **Gennaio** | Ocak |
| **Giugno** | Haziran |
| **Luglio** | Temmuz |
| **Lunedì** | Pazartesi |
| **Martedì** | Sali |
| **Mercoledì** | Çarşamba |
| **Mese** | Ay |
| **Novembre** | Kasim |
| **Ottobre** | Ekim |
| **Sabato** | Cumartesi |
| **Settembre** | Eylül |
| **Settimana** | Hafta |
| **Venerdì** | Cuma |

## Governo
### Devlet

| | |
|---|---|
| Capo | Lider |
| Cittadinanza | Vatandaşlik |
| Civile | Sivil |
| Costituzione | Anayasa |
| Democrazia | Demokrasi |
| Discorso | Konuşma |
| Discussione | Tartişma |
| Giudiziario | Adli |
| Giustizia | Adalet |
| Indipendenza | Bağimsizlik |
| Legge | Kanun |
| Libertà | Özgürlük |
| Monumento | Anit |
| Nazionale | Ulusal |
| Nazione | Ulus |
| Politica | Siyaset |
| Quartiere | Bölge |
| Simbolo | Sembol |
| Stato | Devlet |
| Uguaglianza | Eşitlik |

## Guida
### Sürüş

| | |
|---|---|
| Auto | Araba |
| Autobus | Otobüs |
| Carburante | Yakit |
| Freni | Frenler |
| Garage | Garaj |
| Gas | Gaz |
| Incidente | Kaza |
| Licenza | Lisans |
| Mappa | Harita |
| Moto | Motosiklet |
| Motore | Motor |
| Pedonale | Yaya |
| Pericolo | Tehlike |
| Polizia | Polis |
| Sicurezza | Emniyet |
| Strada | Yol |
| Traffico | Trafik |
| Trasporto | Taşimacilik |
| Tunnel | Tünel |
| Velocità | Hiz |

## Imbarcazioni
### Tekneler

| | |
|---|---|
| Albero | Direk |
| Ancora | Çapa |
| Barca a Vela | Yelkenli |
| Boa | Şamandira |
| Canoa | Kano |
| Corda | Ip |
| Equipaggio | Mürettebat |
| Fiume | Nehir |
| Lago | Göl |
| Mare | Deniz |
| Marea | Gelgit |
| Marinaio | Denizci |
| Marittimo | Denizcilik |
| Motore | Motor |
| Nautico | Deniz |
| Oceano | Okyanus |
| Onde | Dalgalar |
| Traghetto | Feribot |
| Yacht | Yat |
| Zattera | Sal |

## Ingegneria
### Mühendislik

| | |
|---|---|
| Angolo | Açi |
| Asse | Eksen |
| Calcolo | Hesaplama |
| Diagramma | Diyagram |
| Diametro | Çap |
| Diesel | Mazot |
| Dimensioni | Boyutlar |
| Distribuzione | Dağitim |
| Energia | Enerji |
| Forza | Kuvvet |
| Leve | Kol |
| Liquido | Sivi |
| Macchina | Makine |
| Misurazione | Ölçüm |
| Motore | Motor |
| Movimento | Hareket |
| Profondità | Derinlik |
| Rotazione | Rotasyon |
| Stabilità | Sebat |
| Struttura | Yapi |

## Insetti
### Böcekler

| | |
|---|---|
| Afide | Yaprakdid |
| Ape | Ari |
| Cavalletta | Çekirge |
| Cicala | Ağustosböceği |
| Coccinella | Uğur Böceği |
| Falena | Güve |
| Farfalla | Kelebek |
| Formica | Karinca |
| Larva | Larva |
| Libellula | Yusufçuk |
| Locusta | Keçiboynuzu |
| Mantide | Mantis |
| Moscerino | Sivrisinek |
| Pulce | Pire |
| Scarafaggio | Böcek |
| Termite | Termit |
| Verme | Solucan |
| Vespa | Yaban Arisi |
| Zanzara | Sivrisinek |

## Jazz
### Cazcı

| | |
|---|---|
| Album | Albüm |
| Applauso | Alkiş |
| Artista | Sanatçi |
| Batteria | Davul |
| Canzone | Şarki |
| Compositore | Besteci |
| Composizione | Kompozisyon |
| Concerto | Konser |
| Enfasi | Vurgu |
| Famoso | Ünlü |
| Genere | Tür |
| Improvvisazione | Doğaçlama |
| Musica | Müzik |
| Nuovo | Yeni |
| Orchestra | Orkestra |
| Ritmo | Ritim |
| Stile | Tarz |
| Talento | Yetenek |
| Tecnica | Teknik |
| Vecchio | Yaş |

## L'Azienda
### Şirket

| | |
|---|---|
| **Creativo** | Yaratici |
| **Decisione** | Karar |
| **Globale** | Küresel |
| **Industria** | Endüstri |
| **Innovativo** | Yenilikçi |
| **Investimento** | Yatirim |
| **Occupazione** | Iş |
| **Possibilità** | Olasilik |
| **Presentazione** | Sunum |
| **Prodotto** | Ürün |
| **Professionale** | Profesyonel |
| **Progresso** | Ilerleme |
| **Qualità** | Kalite |
| **Reddito** | Gelir |
| **Reputazione** | Itibar |
| **Rischi** | Riskler |
| **Risorse** | Kaynaklar |
| **Salari** | Ücretler |
| **Unità** | Birimler |

## Letteratura
### Edebiyat

| | |
|---|---|
| **Analisi** | Analiz |
| **Analogia** | Analoji |
| **Aneddoto** | Anekdot |
| **Autore** | Yazar |
| **Biografia** | Biyografi |
| **Conclusione** | Sonuç |
| **Confronto** | Karşilaştirma |
| **Descrizione** | Tanim |
| **Dialogo** | Diyalog |
| **Genere** | Tür |
| **Metafora** | Mecaz |
| **Opinione** | Görüş |
| **Poesia** | Şiir |
| **Poetico** | Şiirsel |
| **Rima** | Kafiye |
| **Ritmo** | Ritim |
| **Romanzo** | Roman |
| **Stile** | Tarz |
| **Tema** | Tema |
| **Tragedia** | Trajedi |

## Libri
### Kitaplar

| | |
|---|---|
| **Autore** | Yazar |
| **Avventura** | Macera |
| **Collezione** | Koleksiyon |
| **Contesto** | Bağlam |
| **Dualità** | İkilik |
| **Epico** | Destan |
| **Inventivo** | Yaratici |
| **Letterario** | Edebî |
| **Lettore** | Okuyucu |
| **Narratore** | Anlatici |
| **Pagina** | Sayfa |
| **Poesia** | Şiir |
| **Rilevante** | İlgili |
| **Romanzo** | Roman |
| **Scritto** | Yazili |
| **Serie** | Dizi |
| **Storia** | Öykü |
| **Storico** | Tarih |
| **Tragico** | Trajik |
| **Umoristico** | Mizahi |

## Malattia
### Hastalık

| | |
|---|---|
| **Acuto** | Akut |
| **Allergie** | Alerjiler |
| **Batterico** | Bakteriyel |
| **Contagioso** | Bulaşici |
| **Corpo** | Vücut |
| **Cronico** | Kronik |
| **Cuore** | Kalp |
| **Debole** | Zayif |
| **Ereditario** | Kalitsal |
| **Genetico** | Genetik |
| **Immunità** | Bağişiklik |
| **Infiammazione** | İltihap |
| **Lombare** | Lomber |
| **Neuropatia** | Nöropati |
| **Ossa** | Kemikler |
| **Patogeni** | Patojenler |
| **Respiratorio** | Solunum |
| **Salute** | Sağlik |
| **Sindrome** | Sendrom |
| **Terapia** | Terapi |

## Mammiferi
### Memeliler

| | |
|---|---|
| **Balena** | Balina |
| **Cane** | Köpek |
| **Canguro** | Kanguru |
| **Cavallo** | At |
| **Cervo** | Geyik |
| **Coniglio** | Tavşan |
| **Coyote** | Çakal |
| **Delfino** | Yunus |
| **Elefante** | Fil |
| **Gatto** | Kedi |
| **Giraffa** | Zürafa |
| **Gorilla** | Goril |
| **Leone** | Aslan |
| **Lupo** | Kurt |
| **Orso** | Ayi |
| **Pecora** | Koyun |
| **Scimmia** | Maymun |
| **Toro** | Boğa |
| **Volpe** | Tilki |
| **Zebra** | Zebra |

## Matematica
### Matematik

| | |
|---|---|
| **Angoli** | Açilar |
| **Aritmetica** | Aritmetik |
| **Decimale** | Ondalik |
| **Diametro** | Çap |
| **Divisione** | Bölüm |
| **Equazione** | Denklem |
| **Esponente** | Üs |
| **Frazione** | Kesir |
| **Geometria** | Geometri |
| **Parallelo** | Koşut |
| **Parallelogramma** | Paralelkenar |
| **Perimetro** | Çevre |
| **Poligono** | Çokgen |
| **Quadrato** | Kare |
| **Raggio** | Yariçap |
| **Rettangolo** | Dikdörtgen |
| **Simmetria** | Simetri |
| **Somma** | Toplam |
| **Triangolo** | Üçgen |
| **Volume** | Hacim |

## Meditazione
### Meditasyon

| | |
|---|---|
| **Accettazione** | Kabul |
| **Calma** | Sakin |
| **Chiarezza** | Açiklik |
| **Compassione** | Merhamet |
| **Emozioni** | Duygular |
| **Felicità** | Mutluluk |
| **Gentilezza** | Nezaket |
| **Gratitudine** | Minnettarlik |
| **Mentale** | Zihinsel |
| **Mente** | Akil |
| **Movimento** | Hareket |
| **Musica** | Müzik |
| **Natura** | Doğa |
| **Osservazione** | Gözlem |
| **Pace** | Bariş |
| **Pensieri** | Düşünceler |
| **Postura** | Duruş |
| **Prospettiva** | Perspektif |
| **Respirazione** | Nefes Alma |
| **Silenzio** | Sessizlik |

## Meteo
### Hava

| | |
|---|---|
| **Arcobaleno** | Gökkuşaği |
| **Asciutto** | Kuru |
| **Atmosfera** | Atmosfer |
| **Brezza** | Esinti |
| **Cielo** | Gökyüzü |
| **Clima** | Iklim |
| **Fulmine** | Yildirim |
| **Ghiaccio** | Buz |
| **Monsone** | Muson |
| **Nebbia** | Sis |
| **Nube** | Bulut |
| **Nuvoloso** | Bulutlu |
| **Polare** | Kutup |
| **Siccità** | Kuraklik |
| **Temperatura** | Sicaklik |
| **Tempesta** | Firtina |
| **Tornado** | Kasirga |
| **Tropicale** | Tropik |
| **Tuono** | Gök Gürültüsü |
| **Vento** | Rüzgâr |

## Misurazioni
### Ölçümler

| | |
|---|---|
| **Altezza** | Yükseklik |
| **Byte** | Bayt |
| **Centimetro** | Santimetre |
| **Chilogrammo** | Kilogram |
| **Chilometro** | Kilometre |
| **Decimale** | Ondalik |
| **Grado** | Derece |
| **Grammo** | Gram |
| **Larghezza** | Genişlik |
| **Litro** | Litre |
| **Lunghezza** | Uzunluk |
| **Metro** | Metre |
| **Minuto** | Dakika |
| **Oncia** | Ons |
| **Peso** | Ağirlik |
| **Pinta** | Pint |
| **Pollice** | İnç |
| **Profondità** | Derinlik |
| **Tonnellata** | Ton |
| **Volume** | Hacim |

## Mitologia
### Mitoloji

| | |
|---|---|
| **Archetipo** | Numune |
| **Comportamento** | Davraniş |
| **Creatura** | Yaratik |
| **Creazione** | Yaratiliş |
| **Credenze** | Inanç |
| **Cultura** | Kültür |
| **Disastro** | Felaket |
| **Eroe** | Kahraman |
| **Forza** | Kuvvet |
| **Fulmine** | Yildirim |
| **Gelosia** | Kiskançlik |
| **Guerriero** | Savaşçi |
| **Immortalità** | Ölümsüzlük |
| **Labirinto** | Labirent |
| **Leggenda** | Efsane |
| **Magico** | Büyülü |
| **Mortale** | Ölümlü |
| **Mostro** | Canavar |
| **Tuono** | Gök Gürültüsü |
| **Vendetta** | Intikam |

## Moda
### Moda

| | |
|---|---|
| **Boutique** | Butik |
| **Caro** | Pahali |
| **Confortevole** | Rahat |
| **Elegante** | Zarif |
| **Minimalista** | Minimalist |
| **Misure** | Ölçüm |
| **Modello** | Desen |
| **Moderno** | Modern |
| **Modesto** | Mütevazi |
| **Originale** | Asil |
| **Pizzo** | Dantel |
| **Pratico** | Pratik |
| **Pulsanti** | Düğme |
| **Ricamo** | Nakiş |
| **Stile** | Tarz |
| **Tendenza** | Akim |
| **Tessuto** | Kumaş |
| **Trama** | Doku |

## Musica
### Müzik

| | |
|---|---|
| **Album** | Albüm |
| **Armonia** | Ahenk |
| **Armonico** | Harmonik |
| **Cantante** | Şarkici |
| **Classico** | Klasik |
| **Coro** | Koro |
| **Improvvisare** | Doğaçlama |
| **Lirico** | Lirik |
| **Melodia** | Melodi |
| **Microfono** | Mikrofon |
| **Musicale** | Müzikal |
| **Musicista** | Müzisyen |
| **Opera** | Opera |
| **Poetico** | Şiirsel |
| **Registrazione** | Kayit |
| **Ritmico** | Ritmik |
| **Ritmo** | Ritim |
| **Strumento** | Enstrüman |
| **Tempo** | Tempo |
| **Vocale** | Vokal |

## Natura
### Doğa

| | |
|---|---|
| **Animali** | Hayvanlar |
| **Api** | Arlar |
| **Artico** | Arktik |
| **Bellezza** | Güzellik |
| **Deserto** | Çöl |
| **Dinamico** | Dinamik |
| **Erosione** | Erozyon |
| **Fiume** | Nehir |
| **Fogliame** | Yeşillik |
| **Foresta** | Orman |
| **Ghiacciaio** | Buzul |
| **Montagne** | Dağlar |
| **Nebbia** | Sis |
| **Nuvole** | Bulutlar |
| **Santuario** | Barinak |
| **Selvaggio** | Vahşi |
| **Sereno** | Sakin |
| **Tropicale** | Tropikal |
| **Vitale** | Hayati |

## Numeri
### Şiir

| | |
|---|---|
| **Cinque** | Beş |
| **Decimale** | Ondalik |
| **Diciannove** | On Dokuz |
| **Diciassette** | On Yedi |
| **Diciotto** | Onsekiz |
| **Dieci** | On |
| **Dodici** | On Iki |
| **Due** | 2 |
| **Nove** | Dokuz |
| **Otto** | Sekiz |
| **Quattordici** | On Dört |
| **Quattro** | Dört |
| **Sedici** | On Alti |
| **Sei** | Alti |
| **Sette** | Yedi |
| **Tre** | Üç |
| **Tredici** | On Üç |
| **Uno** | Bir |
| **Venti** | Yirmi |
| **Zero** | Sifir |

## Nutrizione
### Beslenme

| | |
|---|---|
| **Amaro** | Aci |
| **Appetito** | Iştah |
| **Bilanciato** | Dengeli |
| **Calorie** | Kalori |
| **Commestibile** | Yenilebilir |
| **Dieta** | Diyet |
| **Digestione** | Sindirim |
| **Fermentazione** | Fermantasyon |
| **Gusto** | Lezzet |
| **Liquidi** | Sivilar |
| **Nutriente** | Besin |
| **Peso** | Ağirlik |
| **Proteine** | Protein |
| **Qualità** | Kalite |
| **Salsa** | Sos |
| **Salute** | Sağlik |
| **Sano** | Sağlikli |
| **Spezie** | Baharat |
| **Tossina** | Toksin |
| **Vitamina** | Vitamini |

## Oceano
### Okyanus

| | |
|---|---|
| **Alghe** | Yosun |
| **Anguilla** | Yilan Baliği |
| **Balena** | Balina |
| **Barca** | Bot |
| **Corallo** | Mercan |
| **Delfino** | Yunus |
| **Gamberetto** | Karides |
| **Granchio** | Yengeç |
| **Maree** | Gelgit |
| **Medusa** | Denizanasi |
| **Onde** | Dalgalar |
| **Ostrica** | İstiridye |
| **Pesce** | Balik |
| **Polpo** | Ahtapot |
| **Sale** | Tuz |
| **Scogliera** | Resif |
| **Spugna** | Sünger |
| **Squalo** | Köpekbaliği |
| **Tartaruga** | Kaplumbağa |
| **Tempesta** | Firtina |

## Paesaggi
### Manzaralar

| | |
|---|---|
| **Cascata** | Şelale |
| **Collina** | Tepe |
| **Deserto** | Çöl |
| **Fiume** | Nehir |
| **Geyser** | Gayzer |
| **Ghiacciaio** | Buzul |
| **Grotta** | Mağara |
| **Iceberg** | Buzdaği |
| **Isola** | Ada |
| **Lago** | Göl |
| **Mare** | Deniz |
| **Montagna** | Dağ |
| **Oasi** | Vaha |
| **Oceano** | Okyanus |
| **Palude** | Bataklik |
| **Penisola** | Yarimada |
| **Spiaggia** | Plaj |
| **Tundra** | Tundra |
| **Valle** | Vadi |
| **Vulcano** | Volkan |

## Paesi #1
### Ülkeler #1

| | |
|---|---|
| **Brasile** | Brezilya |
| **Cambogia** | Kamboçya |
| **Canada** | Kanada |
| **Egitto** | Misir |
| **Finlandia** | Finlandiya |
| **Germania** | Almanya |
| **India** | Hindistan |
| **Iraq** | Irak |
| **Israele** | İsrail |
| **Libia** | Libya |
| **Mali** | Mali |
| **Marocco** | Fas |
| **Norvegia** | Norveç |
| **Panama** | Panama |
| **Polonia** | Polonya |
| **Romania** | Romanya |
| **Senegal** | Senegal |
| **Spagna** | İspanya |
| **Venezuela** | Venezuela |
| **Vietnam** | Vietnam |

## Paesi #2
### Ülkeler #2

| | |
|---|---|
| **Albania** | Arnavutluk |
| **Danimarca** | Danimarka |
| **Etiopia** | Etiyopya |
| **Giamaica** | Jamaika |
| **Giappone** | Japonya |
| **Grecia** | Yunanistan |
| **Haiti** | Haiti |
| **Indonesia** | Endonezya |
| **Irlanda** | İrlanda |
| **Laos** | Laos |
| **Liberia** | Liberya |
| **Messico** | Meksika |
| **Nepal** | Nepal |
| **Nigeria** | Nijerya |
| **Pakistan** | Pakistan |
| **Russia** | Rusya |
| **Siria** | Suriye |
| **Sudan** | Sudan |
| **Ucraina** | Ukrayna |
| **Uganda** | Uganda |

## Piante
### Bitkiler

| | |
|---|---|
| **Albero** | Ağaç |
| **Bacca** | Dut |
| **Bambù** | Bambu |
| **Botanica** | Botanik |
| **Cactus** | Kaktüs |
| **Cespuglio** | Çali |
| **Crescere** | Büyümek |
| **Edera** | Sarmaşik |
| **Erba** | Ot |
| **Fagiolo** | Fasulye |
| **Fertilizzante** | Gübre |
| **Fiore** | Çiçek |
| **Flora** | Flora |
| **Fogliame** | Yeşillik |
| **Foresta** | Orman |
| **Giardino** | Bahçe |
| **Muschio** | Yosun |
| **Petalo** | Yaprak |
| **Radice** | Kök |
| **Vegetazione** | Bitki Örtüsü |

## Politica
### Siyaset

| | |
|---|---|
| **Attivista** | Aktivist |
| **Campagna** | Kampanya |
| **Candidato** | Aday |
| **Comitato** | Komite |
| **Consiglio** | Konsey |
| **Etica** | Etik |
| **Governo** | Hükümet |
| **Libertà** | Özgürlük |
| **Nazionale** | Ulusal |
| **Opinione** | Görüş |
| **Politica** | Politika |
| **Politico** | Politikaci |
| **Popolarità** | Popülerlik |
| **Scelta** | Seçim |
| **Strategia** | Strateji |
| **Tasse** | Vergi |
| **Uguaglianza** | Eşitlik |
| **Vittoria** | Zafer |

## Professioni #1
### Meslekler #1

| | |
|---|---|
| **Allenatore** | Koç |
| **Ambasciatore** | Büyükelçi |
| **Artista** | Sanatçi |
| **Astronomo** | Astronom |
| **Avvocato** | Avukat |
| **Ballerino** | Dansçi |
| **Banchiere** | Bankaci |
| **Cacciatore** | Avci |
| **Cartografo** | Haritaci |
| **Editore** | Editör |
| **Farmacista** | Eczaci |
| **Geologo** | Jeolog |
| **Gioielliere** | Kuyumcu |
| **Idraulico** | Tesisatçi |
| **Infermiera** | Hemşire |
| **Marinaio** | Denizci |
| **Musicista** | Müzisyen |
| **Pianista** | Piyanist |
| **Psicologo** | Psikolog |
| **Veterinario** | Veteriner |

## Professioni #2
### Meslekler #2

| | |
|---|---|
| **Astronauta** | Astronot |
| **Bibliotecario** | Kütüphane |
| **Biologo** | Biyolog |
| **Chirurgo** | Cerrah |
| **Dentista** | Dişçi |
| **Detective** | Dedektif |
| **Filosofo** | Filozof |
| **Fotografo** | Fotoğrafçi |
| **Giardiniere** | Bahçivan |
| **Giornalista** | Gazeteci |
| **Illustratore** | Çizer |
| **Ingegnere** | Mühendis |
| **Insegnante** | Öğretmen |
| **Inventore** | Mucit |
| **Linguista** | Dilbilimci |
| **Medico** | Doktor |
| **Pilota** | Pilot |
| **Pittore** | Ressam |
| **Ricercatore** | Araştirmaci |
| **Zoologo** | Zoolog |

## Psicologia
### Psikoloji

| | |
|---|---|
| **Appuntamento** | Randevu |
| **Clinico** | Klinik |
| **Cognizione** | Biliş |
| **Comportamento** | Davraniş |
| **Conflitto** | Çekişme |
| **Ego** | Ego |
| **Emozioni** | Duygular |
| **Idee** | Fikirler |
| **Inconscio** | Bilinçsiz |
| **Infanzia** | Çocukluk |
| **Influenze** | Etkiler |
| **Pensieri** | Düşünceler |
| **Percezione** | Algi |
| **Personalità** | Kişilik |
| **Problema** | Sorun |
| **Realtà** | Gerçeklik |
| **Sensazione** | His |
| **Subconscio** | Bilinçalti |
| **Terapia** | Terapi |
| **Valutazione** | Değerlendirme |

## Riempire
### Doldurmak

|  |  |
|---|---|
| Bacino | Havza |
| Barile | Fiçi |
| Borsa | Çanta |
| Bottiglia | Şişe |
| Busta | Zarf |
| Cartella | Klasör |
| Cartone | Karton |
| Cassa | Sandik |
| Cassetto | Çekmece |
| Cesto | Sepet |
| Pacchetto | Paket |
| Scatola | Kutu |
| Secchio | Kova |
| Tasca | Cep |
| Tubo | Tüp |
| Valigia | Bavul |
| Vasca | Küvet |
| Vaso | Vazo |
| Vassoio | Tepsi |

## Riscaldamento Globale
### Küresel Isınma

|  |  |
|---|---|
| Ambientale | Çevresel |
| Artico | Arktik |
| Clima | Iklim |
| Crisi | Kriz |
| Dati | Veri |
| Energia | Enerji |
| Futuro | Gelecek |
| Gas | Gaz |
| Generazioni | Nesiller |
| Governo | Hükümet |
| Industria | Endüstri |
| Internazionale | Uluslararasi |
| Legislazione | Mevzuat |
| Ora | Şimdi |
| Popolazioni | Nüfus |
| Ridurre | Azaltmak |
| Sviluppo | Gelişme |
| Temperature | Sicakliklar |

## Salute e Benessere #1
### Sağlık ve Zindelik #1

|  |  |
|---|---|
| Abitudine | Alişkanlik |
| Altezza | Yükseklik |
| Attivo | Etkin |
| Batteri | Bakteri |
| Clinica | Klinik |
| Fame | Açlik |
| Farmacia | Eczane |
| Frattura | Kirik |
| Medicina | İlaç |
| Medico | Doktor |
| Muscoli | Kaslar |
| Nervi | Sinirler |
| Ormoni | Hormon |
| Pelle | Cilt |
| Postura | Duruş |
| Riflesso | Refleks |
| Rilassamento | Rahatlama |
| Terapia | Terapi |
| Trattamento | Tedavi |
| Virus | Virüs |

## Salute e Benessere #2
### Sağlık ve Zindelik #2

|  |  |
|---|---|
| Allergia | Alerji |
| Anatomia | Anatomi |
| Appetito | Iştah |
| Caloria | Kalori |
| Corpo | Vücut |
| Dieta | Diyet |
| Digestione | Sindirim |
| Disidratazione | Susuzluk |
| Energia | Enerji |
| Genetica | Genetik |
| Igiene | Hijyen |
| Infezione | Enfeksiyon |
| Malattia | Hastalik |
| Massaggio | Masaj |
| Nutrizione | Beslenme |
| Ospedale | Hastane |
| Peso | Ağirlik |
| Sangue | Kan |
| Sano | Sağlikli |
| Vitamina | Vitamini |

## Scacchi
### Satranç

|  |  |
|---|---|
| Avversario | Rakip |
| Bianco | Beyaz |
| Campione | Şampiyon |
| Concorso | Yarişma |
| Diagonale | Çapraz |
| Giocatore | Oyuncu |
| Gioco | Oyun |
| Nero | Siyah |
| Passivo | Pasif |
| Per Imparare | Öğrenmek |
| Re | Kral |
| Regina | Kraliçe |
| Regole | Tüzük |
| Sacrificio | Kurban |
| Sfide | Zorluklar |
| Strategia | Strateji |
| Tempo | Zaman |
| Torneo | Turnuva |

## Scienza
### Bilim

|  |  |
|---|---|
| Atomo | Atom |
| Chimico | Kimyasal |
| Clima | Iklim |
| Dati | Veri |
| Esperimento | Deney |
| Evoluzione | Evrim |
| Fatto | Gerçek |
| Fisica | Fizik |
| Fossile | Fosil |
| Gravità | Yerçekimi |
| Ipotesi | Hipotez |
| Laboratorio | Laboratuvar |
| Metodo | Yöntem |
| Minerali | Mineraller |
| Molecole | Molekül |
| Natura | Doğa |
| Organismo | Organizma |
| Osservazione | Gözlem |
| Particelle | Parçaciklar |
| Piante | Bitkiler |

## Spezie
### Baharat

| | |
|---|---|
| Aglio | Sarimsak |
| Amaro | Aci |
| Anice | Anason |
| Cannella | Tarçin |
| Cardamomo | Kakule |
| Cipolla | Soğan |
| Coriandolo | Kişniş |
| Cumino | Kimyon |
| Curcuma | Zerdeçal |
| Curry | Köri |
| Dolce | Tatli |
| Finocchio | Rezene |
| Liquirizia | Meyan |
| Noce Moscata | Ceviz |
| Paprika | Kirmizi Biber |
| Pepe | Biber |
| Sale | Tuz |
| Vaniglia | Vanilya |
| Zafferano | Safran |
| Zenzero | Zencefil |

## Strumenti Musicali
### Enstrüman

| | |
|---|---|
| Arpa | Arp |
| Bacchette | Baget |
| Banjo | Banço |
| Chitarra | Gitar |
| Clarinetto | Klarnet |
| Fagotto | Fagot |
| Flauto | Flüt |
| Gong | Gong |
| Mandolino | Mandolin |
| Marimba | Marimba |
| Oboe | Obua |
| Percussione | Vurma |
| Pianoforte | Piyano |
| Sassofono | Saksafon |
| Tamburello | Tef |
| Tamburo | Davul |
| Tromba | Trompet |
| Trombone | Trombon |
| Violino | Keman |
| Violoncello | Çello |

## Tempo
### Zaman

| | |
|---|---|
| Anno | Yil |
| Annuale | Yillik |
| Calendario | Takvim |
| Decennio | On Yil |
| Dopo | Sonra |
| Futuro | Gelecek |
| Giorno | Gün |
| Ieri | Dün |
| Mattina | Sabah |
| Mese | Ay |
| Mezzogiorno | Öğle |
| Minuto | Dakika |
| Momento | An |
| Notte | Gece |
| Oggi | Bugün |
| Ora | Saat |
| Ora | Şimdi |
| Prima | Önce |
| Secolo | Yüzyil |
| Settimana | Hafta |

## Tipi di Capelli
### Saç Tipleri

| | |
|---|---|
| Argento | Gümüş |
| Asciutto | Kuru |
| Bianco | Beyaz |
| Biondo | Sarişin |
| Breve | Kisa |
| Calvo | Kel |
| Colorato | Renkli |
| Grigio | Gri |
| Intrecciato | Örgülü |
| Liscio | Düz |
| Lungo | Uzun |
| Marrone | Kahverengi |
| Morbido | Yumuşak |
| Nero | Siyah |
| Ondulato | Dalgali |
| Riccio | Kivircik |
| Sano | Sağlikli |
| Sottile | Ince |
| Spessore | Kalin |
| Trecce | Örgü |

## Uccelli
### Kuşlar

| | |
|---|---|
| Airone | Balikçil |
| Anatra | Ördek |
| Aquila | Kartal |
| Cicogna | Leylek |
| Cigno | Kuğu |
| Colomba | Güvercin |
| Cuculo | Guguk |
| Fenicottero | Flamingo |
| Gabbiano | Marti |
| Oca | Kaz |
| Pappagallo | Papağan |
| Passero | Serçe |
| Pavone | Tavus |
| Pellicano | Pelikan |
| Piccione | Güvercin |
| Pinguino | Penguen |
| Pollo | Tavuk |
| Struzzo | Devekuşu |
| Tucano | Tukan |
| Uovo | Yumurta |

## Universo
### Evren

| | |
|---|---|
| Astronomia | Astronomi |
| Astronomo | Astronom |
| Atmosfera | Atmosfer |
| Buio | Karanlik |
| Celeste | Göksel |
| Cielo | Gökyüzü |
| Cosmico | Kozmik |
| Emisfero | Yarimküre |
| Equatore | Ekvator |
| Galassia | Gökada |
| Latitudine | Enlem |
| Longitudine | Boylam |
| Luna | Ay |
| Orbita | Yörünge |
| Orizzonte | Ufuk |
| Solare | Güneş |
| Solstizio | Gündönümü |
| Telescopio | Teleskop |
| Visibile | Görünür |
| Zodiaco | Zodyak |

## Vacanze #2
### Tatil #2

| | |
|---|---|
| **Aeroporto** | Havalimani |
| **Destinazione** | Hedef |
| **Foto** | Fotoğraflar |
| **Hotel** | Otel |
| **Isola** | Ada |
| **Mappa** | Harita |
| **Mare** | Deniz |
| **Montagne** | Dağlar |
| **Passaporto** | Pasaport |
| **Ristorante** | Restoran |
| **Spiaggia** | Plaj |
| **Straniero** | Yabanci |
| **Taxi** | Taksi |
| **Tempo Libero** | Boş |
| **Tenda** | Çadir |
| **Trasporto** | Taşimacilik |
| **Treno** | Tren |
| **Viaggio** | Seyahat |
| **Visto** | Vize |

## Veicoli
### Araçlar

| | |
|---|---|
| **Aereo** | Uçak |
| **Ambulanza** | Ambulans |
| **Auto** | Araba |
| **Autobus** | Otobüs |
| **Barca** | Bot |
| **Bicicletta** | Bisiklet |
| **Camion** | Kamyon |
| **Caravan** | Kervan |
| **Elicottero** | Helikopter |
| **Furgone** | Van |
| **Metropolitana** | Metro |
| **Motore** | Motor |
| **Pneumatici** | Lastikler |
| **Razzo** | Roket |
| **Sottomarino** | Denizalti |
| **Taxi** | Taksi |
| **Traghetto** | Feribot |
| **Trattore** | Traktör |
| **Treno** | Tren |
| **Zattera** | Sal |

## Verdure
### Sebzeler

| | |
|---|---|
| **Aglio** | Sarimsak |
| **Broccolo** | Brokoli |
| **Carciofo** | Enginar |
| **Carota** | Havuç |
| **Cetriolo** | Salatalik |
| **Cipolla** | Soğan |
| **Fungo** | Mantar |
| **Insalata** | Salata |
| **Melanzana** | Patlican |
| **Oliva** | Zeytin |
| **Patata** | Patates |
| **Pisello** | Bezelye |
| **Pomodoro** | Domates |
| **Prezzemolo** | Maydanoz |
| **Rapa** | Şalgam |
| **Ravanello** | Turp |
| **Sedano** | Kereviz |
| **Spinaci** | Ispanak |
| **Zenzero** | Zencefil |
| **Zucca** | Kabak |

## Vestiti
### Giyim

| | |
|---|---|
| **Abito** | Elbise |
| **Braccialetto** | Bilezik |
| **Calzini** | Çorap |
| **Camicetta** | Bluz |
| **Camicia** | Gömlek |
| **Cappello** | Şapka |
| **Cintura** | Kemer |
| **Collana** | Kolye |
| **Giacca** | Ceket |
| **Gonna** | Etek |
| **Grembiule** | Önlük |
| **Guanti** | Eldivenler |
| **Jeans** | Kot |
| **Maglione** | Kazak |
| **Moda** | Moda |
| **Pantaloni** | Pantolon |
| **Pigiama** | Pijama |
| **Sandali** | Sandalet |
| **Scarpa** | Ayakkabi |
| **Sciarpa** | Eşarp |

# Congratulazioni

## Ce l'hai fatta!

Speriamo che questo libro vi sia piaciuto tanto quanto a noi è piaciuto concepirlo. Ci sforziamo di creare libri della più alta qualità possibile.
Questa edizione è progettata per fornire un apprendimento intelligente, di qualità e divertente!

Le è piaciuto questo libro?

-------

## Una Semplice Richiesta

Questi libri esistono grazie alle recensioni che pubblicate.

Puoi aiutarci lasciando una recensione
ora a questo link ?

BestBooksActivity.com/Recensioni50

# SFIDA FINALE!

## Sfida n°1

Sei pronto per il tuo gioco gratuito? Li usiamo sempre, ma non sono così facili da trovare - ecco i **Sinonimi!**
Scrivi 5 parole che hai trovato nei puzzle (n° 21, n° 36, n° 76) e prova a trovare 2 sinonimi per ogni parola.

### Scrivi 5 parole del *Puzzle 21*

| Parole | Sinonimo 1 | Sinonimo 2 |
|--------|-----------|-----------|
|        |           |           |
|        |           |           |
|        |           |           |
|        |           |           |
|        |           |           |

### Scrivi 5 parole del *Puzzle 36*

| Parole | Sinonimo 1 | Sinonimo 2 |
|--------|-----------|-----------|
|        |           |           |
|        |           |           |
|        |           |           |
|        |           |           |
|        |           |           |

### Scrivi 5 parole del *Puzzle 76*

| Parole | Sinonimo 1 | Sinonimo 2 |
|--------|-----------|-----------|
|        |           |           |
|        |           |           |
|        |           |           |
|        |           |           |
|        |           |           |

# Sfida n°2

Ora che ti sei riscaldato, scrivi 5 parole che hai trovato nei puzzle n° 9, n° 17 e n° 25 e cerca di trovare 2 contrari per ogni parola. Quanti ne puoi trovare in 20 minuti?

*Scrivi 5 parole del* **Puzzle 9**

| Parole | Antonimo 1 | Antonimo 2 |
|--------|------------|------------|
|        |            |            |
|        |            |            |
|        |            |            |
|        |            |            |
|        |            |            |

*Scrivi 5 parole del* **Puzzle 17**

| Parole | Antonimo 1 | Antonimo 2 |
|--------|------------|------------|
|        |            |            |
|        |            |            |
|        |            |            |
|        |            |            |
|        |            |            |

*Scrivi 5 parole del* **Puzzle 25**

| Parole | Antonimo 1 | Antonimo 2 |
|--------|------------|------------|
|        |            |            |
|        |            |            |
|        |            |            |
|        |            |            |
|        |            |            |

# Sfida n°3

Grande! Questa sfida non è niente per te!

Pronto per la sfida finale? Scegli 10 parole che hai scoperto nei diversi puzzle e scrivile qui sotto.

| | |
|---|---|
| 1. | 6. |
| 2. | 7. |
| 3. | 8. |
| 4. | 9. |
| 5. | 10. |

Ora scrivi un testo pensando a una persona, un animale o un luogo che ti piace.

*Puoi usare l'ultima pagina di questo libro come bozza.*

## La tua composizione:

# TACCUINO:

# A PRESTO!

*Tutta la Squadra*